魏晋玄学论稿

汤用彤 著

新校本

图书在版编目（CIP）数据

魏晋玄学论稿 ：新校本 / 汤用彤著. -- 北京 ：九州出版社, 2024.5
ISBN 978-7-5225-2823-6

Ⅰ．①魏… Ⅱ．①汤… Ⅲ．①玄学－研究－中国－魏晋南北朝时代 Ⅳ．①B235.05

中国国家版本馆CIP数据核字(2024)第077015号

魏晋玄学论稿：新校本

作　　者	汤用彤　著
责任编辑	周红斌　陈春玲
出版发行	九州出版社
地　　址	北京市西城区阜外大街甲 35 号（100037）
发行电话	(010)68992190/3/5/6
网　　址	www.jiuzhoupress.com
印　　刷	鑫艺佳利（天津）印刷有限公司
开　　本	880 毫米×1230 毫米　32 开
印　　张	8.75
字　　数	196 千字
版　　次	2024 年 8 月第 1 版
印　　次	2024 年 8 月第 1 次印刷
书　　号	ISBN 978-7-5225-2823-6
定　　价	29.00 元

★版权所有　侵权必究★

出版说明

梅贻琦先生曾言，"所谓大学者，非谓有大楼之谓也，有大师之谓也"。而传世之书，也多为大家名家之作。"大家丛书"甄选清末西学东渐以来，历经检验、广获认可的人文、社科等领域大家之作，所选皆现存版本中之较优者。编辑过程中，凡遇疑误之处，则参用多个版本比对核校；除明显错讹外，一般不作修改，以呈现文献原貌，请读者明鉴。

目 录

魏晋玄学论稿

读《人物志》……………………………………003

言意之辨……………………………………024

魏晋玄学流别略论……………………………045

王弼大衍义略释………………………………059

王弼圣人有情义释……………………………070

王弼之《周易》《论语》新义………………081

向、郭义之庄周与孔子………………………100

谢灵运《辨宗论》书后………………………109

魏晋思想的发展………………………………117

魏晋玄学讲课提纲

第一章　绪　论……………………………………131

第二章　言意之辨…………………………………134

第三章　崇本贵无…………………………………138

第四章　贵无之学一：王弼………………………141

第五章　贵无之学二：阮籍、嵇康………………144

第六章　贵无之学三：张湛………………………149

第七章　贵玄崇有…………………………………154

第八章　明自然……………………………………166

魏晋玄学听课笔记

第一章　绪　论……………………………………175

第二章　魏初名理之学……………………………178

第三章　言意之辨…………………………………182

第四章　本末有无之争……………………………188

第五章　贵无之学（上）…………………………190

第六章　贵无之学（中）…………………………202

第七章 贵无之学（下）··········210

第八章 崇有之学与向、郭学说··········229

第九章 王弼与郭象··········251

第十章 魏晋玄学与文学理论··········255

第十一章 结　论··········271

魏晋玄学论稿

（新校本）

读《人物志》

刘邵《人物志》三卷十二篇，隋唐志均列入名家。凉刘昞为之注。唐刘知幾《史通·自序篇》及《李卫公集·穷愁志》均有称述。此外罕有论及者。宋阮逸序惜其由魏至宋，历数百载，鲜有知者。然阮乃云得书于史部，则实不知本为魏晋形名家言。其真相晦已久矣。按汉魏之际，中国学术起甚大变化。当时人著述，存者甚尠。吾人读此书，于当世思想之内容，学问之变迁，颇可知其崖略，亦可贵矣。兹分三段述所见，一述书大义，二叙变迁，三明四家（名法儒道）。

一

书中大义可注意者有八。

一曰品人物则由形所显观心所蕴。人物之本出于情性。情性之理玄而难察。然人禀阴阳以立性，体五行而著形。苟有形质，犹可即而求之。故识鉴人伦，相其外而知其中，察其章以推其微。就人之形容声色情味而知其才性。才性有中庸，有偏至，有依似，各有名目。故形质异而才性不同,因才性之不同,而名目亦殊。此根本为形名之辨也。汉代选士首为察举(魏因之而以九品官人),察举则重识鉴。刘邵之书,集当世识鉴之术。论形容则尚骨法。昔王充既论性命之原,遭遇之理(《论衡》第一至第十),继说骨相(第十一),谓察表候以知命,犹察斗斛以知容。其原理与刘邵所据者同也。论声则原于气禀。气合成声,声应律吕。故整饰音辞,出言如流,宫商朱紫发言成句,乃清谈名士所尚。论色则诚于中形于外。诚仁则色温柔,诚勇则色矜奋,诚智则色明达。此与形容音声,均由外章以辨其情性,本形名家之原理也。论情味则谓风操,风格,风韵。此谓为精神之征。汉魏论人,最重神味。曰神姿高彻,神理隽彻,神矜可爱,神锋太俊,精神渊箸。神之征显于目(邵曰"征神见貌,情发于目"),蒋济作论谓观其眸子可以知人。甄别人物,论神最难。论形容,卫玠少有璧人之目,自为有目者所共赏。论神情,黄叔度汪汪如千顷之陂,自非巨眼不能识。故蒋济论眸子,而申明言不尽意之旨。盖谓眸子传神,其理微妙,可以意得,而不可以言宣也。《抱朴子》曰:"料之无惑,望形得神,圣者其将病诸。"《人物志》曰:"能知精神,则穷理尽性。"二语均有鉴于神鉴之难也。

二曰分别才性而详其所宜。凡人禀气生,性分各殊。自非圣人,材能有偏。就其禀分各有名目(此即形名)。陈群立九品,评人高下,各为辈目。傅玄品才有九。《人物志》言人流之业十有二焉。有清节家,师氏之任也。有法家,司寇之任也。有术家,三孤之任也。有国体,三公之任也。有器能,冢宰之任也。有臧否,师氏之佐也。有智意,冢宰之佐也。有伎俩,司空之佐也。有儒学,安民之任也。有文章,国史之任也。有辩给,行人之任也。有雄杰(骁雄),将帅之任也。夫圣王体天设位,序列官司，各有攸宜，谓之名分。人材禀体不同，所能亦异，则有名目。以名目之所宜，应名分（名位）之所需。合则名正，失则名乖。傅玄曰："位之不建，名理废也。"此谓名分失序也。刘邵曰："夫名非实，用之不效。"此谓名目滥杂也。圣人设官分职，位人以材，则能运用名教。袁弘著《后汉纪》，叙名教之本。其言有曰："至治贵万物得所而不失其情。"圣人故作为名教，以平章天下。盖适性任官，治道之本。欲求其适宜，乃不能不辨大小与同异。《抱朴子·备阙篇》云："能调和阴阳者，未必能兼百行，修简书也。能敷五迈九者，不必能全小洁，经曲碎也。"蔡邕《荐赵让书》曰："大器之于小用，固有所不宜。"皆辨小大，与《人物志·材能篇》所论者同（持义则异）。当世之题目人物者，如曰庞士元非百里才，此言才大用小之不宜也。《昌言》云："以同异为善恶。"《抱朴子》云："校同异以备虚饰。"《人物志》曰："能出于材，材不同量，材能既殊，任政亦异。"曰能识同体之善，而或失异量之美。曰取同体也，则接论而相得。取异体也，虽历久而不知。皆论知人与同异之关系也（参看《论衡·答佞篇》贤佞同异）。

三曰验之行为以正其名目。夫名生于形须符其实。察人者须依其形实以检其名目。汉晋之际，固重形检，而名检行检之名亦常见。《老子》王弼注曰："圣人不立形名以检于物。"夏侯玄《时事议》云："互相形检，孰能相失。"《论衡·定贤篇》云："世人之检。"傅玄曰："圣人至明，不能一检而治百姓。"皆谓验其名实也（检本常作验）。刘邵有见于相人之难，形容动作均有伪似。故必检之行为，久而得之。如言曰："必待居止然后识之。故居视其所安，达视其所奉，富视其所与，穷视其所为，贫视其所取，然后乃能知贤否。此又已试，非始相也。"（刘注云："试而知之,岂相也哉?")《人物志》八观之说,均验其所为。而刘邵主都官考课之议,作七十二条及《说略》一篇,则《人物志》之辅翼也。

四曰重人伦则尚谈论。夫依言知人,世之共信。《人物志》曰:"夫国体之人,兼有三材,故谈不三日,不足以尽之。一以论道德,二以论法制,三以论策术。然后乃竭其所长,而举之不疑。"然依言知人,岂易也哉。世故多巧言乱德,似是而非者。徐幹《中论·核辨篇》评世之利口者,能屈人之口,而不能服人之心。《人物志·材理篇》谓辩有理胜,有辞胜。盖自以察举以取士,士人进身之途径端在言行,而以言显者尤易。故天下趋于谈辩。论辩以立异,动听取宠,亦犹行事以异操蕲求人知(《后汉书》袁奉高不修异操,而致名当世。则知当世修异操以要声誉者多也)。故识鉴人伦,不可不留意论难之名实相符(徐幹云"俗士闻辩之名,不知辩之实")。刘邵志人物,而作《材理》之篇,谓建事立义,须理而定,然理多品而人异,定之实难。因是一方须明言辞与义理之关系,而后识鉴,乃有准则。故刘邵陈述论难,而名其篇曰材理也(按夏侯惠称美邵之清谈,则邵亦善于此道)。

五曰察人物常失于奇尤。形名之学在校核名实,依实立名因以取士。然奇尤之人,则实质难知。汉代于取常士则由察举,进特出则由征辟。其甄别人物分二类。王充《论衡》于常士则称为知材,于特出则号为超奇。蒋济《万机论》,谓守成则考功案第,定社稷则拔奇取异。均谓人才有常奇之分也。刘邵立论谓有二尤。尤妙之人含精于内,外无饰姿。尤虚之人,硕言瑰姿,内实乖反。前者实为超奇,后者只系常人。超奇者以内蕴不易测,常人以外异而误别。拔取奇尤,本可越序。但天下内有超奇之实者本少，外冒超奇之名者极多。故取士，与其越序，不如顺次。越序征辟则失之多，顺次察举则其失较少。依刘邵之意，品藻之术盖以常士为准，而不可用于超奇之人也。然世之论者，恒因观人有谬，名实多乖，而疑因名选士之不可用。如魏明帝曰："选举莫取有名，名如画地作饼，不可啖也。"吏部尚书卢毓对曰："名不足以致异人，而可以得常士。常士畏教慕善，然后有名，非所当疾也。愚臣既不足以识异人，又主者正以循名案常为职，但须有以验其后。今考绩之法废，故真伪混杂。"明帝纳其言。诏作考课法。卢毓、刘邵同属名家。毓谓选举可得常士，难识异人。循名案常，吏部之职。综核名实，当行考绩。其意与刘邵全同也。

六曰致太平必赖圣人。刘邵曰："情性之理甚微而玄，非圣人之察，其孰能究之哉！"夫品题人物基于才性，圣人之察，乃能究其理，而甄拔乃可望名实之相符。邵又曰："主道得而臣道序，官不易方而太平用成。"盖天地设位，圣人成能。人主设官分职，任选材能，各当其宜，则可以成天功。是则人君配天，正名分为王者之大柄。诚能以人物名实之相符，应官司名分之差别，而天下太平。然则太平之治，固非圣王则莫能致也。魏世钟繇、王粲著论云："非圣人不能致太平。"司马朗以为伊颜之徒，虽非圣人，使得数世相承，太平可致。按刘邵曰："众人之明，能知辈士之数，而不能知第目之度。辈士之明，能知第目之度，不能识出尤之良也。出尤之人，能知圣人之教，不能究之入室之奥也。"夫圣人尤中之尤，天下众辈多而奇尤少。甄别才性，自只可以得常士。超奇之人，已不可识，而况欲得圣人乎？圣人不可识，得之又或不在其位。则胡能克明俊德，品物咸宜，而致治平欤。依刘邵所信之理推之，则钟王之论为是，而司马朗之说为非也。

七曰创大业则尚英雄。英雄者，汉魏间月旦人物所有名目之一也。天下大乱，拨乱反正则需英雄。汉末豪俊并起，群欲平定天下，均以英雄自许，故王粲著有《汉末英雄传》。当时四方鼎沸，亟须定乱，故曹操曰："方今收英雄时也。"夫拨乱端仗英雄，故许子将目曹操曰："子清平之奸贼，乱世之英雄也。"（此引《后汉书》）而孟德为之大悦。盖素以创业自任也。又天下豪俊既均以英雄自许，然皆实不当名。故曹操谓刘备曰："天下英雄惟使君与操耳。"而玄德闻之大惊。盖英雄可以创业，正中操贼之忌也。刘邵《人物志》论英雄，著有专篇，亦正为其时流行之讨论。其所举之例为汉高祖，所谓能成大业者也。志曰："聪明秀出谓之英，胆力过人谓之雄。"英雄者，明胆兼备，文武茂异。若胆多则目为雄，韩信是也。明多则目为英，张良是也。此偏至之材，人臣之任也（傅巽目庞统为半英雄，亦当系谓其偏至）。若一人兼有英雄，则能长世，高祖项羽是也。然成大业者尤须明多于胆，高祖是也（参看嵇康《明胆论》）。按汉魏之际，在社会中据有位势者有二。一为名士，蔡邕、王粲、夏侯玄、何晏等是也。一为英雄，刘备、曹操等是矣。魏初名士尚多具名法之精神，其后乃多趋于道德虚无。汉魏中英雄犹有正人，否则亦具文武兼备有豪气。其后亦流为司马懿辈，专运阴谋，狼顾狗偷，品格更下。则英雄抑亦仅为虚名矣。

八曰美君德则主中庸无为。此说中揉合儒道之言，但于后述之。

二

汉末晋初，学术前后不同。此可就《人物志》推论之。本段因论汉晋之际学术之变迁。

《隋志》名家类著录之书除先秦古籍二种共三卷外，有：

《士操》一卷　　魏文帝撰

《人物志》三卷　　刘邵撰

此二书之入名家，当沿晋代目录之旧。其梁代目录所著录入名家者，《隋志》称有下列诸种：

《刑声论》一卷　　（撰者不明）

《士纬新书》十卷　　姚信撰

《姚氏新书》二卷　　与《士纬》相似（当亦姚信撰）

《九州人士论》一卷　　魏司空卢毓撰

《通古人论》一卷　　（撰者不明）

以上共九种二十二卷，与《广弘明集》所载梁阮孝绪《七录》名家类著录者相合（惟卷数二十三当有误字）。然则刘邵书之入名家，至少在梁代即然。《刑声论》者，疑即形声，言就形声以甄别人物也。其余诸书，从其名观之，亦不出识鉴人伦之作。至若姚信，乃吴选部尚书，而《士纬》现存佚文，如论及人性物性，称有清高之士，平议之士，品评孟子、延陵、扬雄、马援、陈仲举、李元礼、孔文举，则固品题人物之作也。《意林》引有一条曰："孔文举金性太多，木性不足，背阴向阳，雄倬孤立。"其说极似《人物志·九征篇》所载。然则魏晋名家与先秦惠施、公孙龙实有不同。

名学有关治道伦常，先秦已有其说，兹不具论。《汉书·艺文志》论名家而谓出于礼官。古者名位不同，礼亦异数。名学已视为研究名位名分之理。《隋志》云："名者所以正百物，叙尊卑，列贵贱，各控名而责实，无相僭滥者也。"其说仍袭《汉志》。然控名责实，已摄有量材授官，识鉴之理亦在其中（晋袁弘《后汉纪》论名家亦相同）。《人物志》《士纬新书》之列为名家，自不足异也。

现存尹文子非先秦旧籍，或即汉末形名说流行时所伪托之书（兹已不可考）。其中所论要与汉晋间之政论名理相合（《隋志》名家有尹文而无公孙龙、惠施）。据其所论，以循名责实为骨干。如曰："名以检形，形以定名，名以定事，事以检名。察其所以然，则形名之与事物无所隐其理矣。"（王伯厚《汉志考证》名家下曾略引此段）检形定名，为名家学说之中心理论。故名家之学，称为形名学（亦作刑名学）。

溯自汉代取士大别为地方察举，公府征辟。人物品鉴遂极重要。有名者入青云，无闻者委沟渠。朝廷以名为治（顾亭林语），士风亦竞以名行相高。声名出于乡里之臧否，故民间清议乃隐操士人进退之权。于是月旦人物，流为俗尚；讲目成名（《人物志》语），具有定格，乃成社会中不成文之法度。一方由此而士人重操行，洁身自好，而名教乃可以鼓舞风气，奖励名节。一方清议势盛，因特重交游，同类翕集而蚁附，计士频淑而胁从（崔寔语）。党人之祸由是而起。历时既久，流弊遂生。辗转提携，互相揄扬。厉行者不必知名，诈伪者得播令誉。后汉晋文经、黄子艾恃其才智，炫耀上京。声价已定，征辟不就。士大夫坐门问疾，犹不得见。随其臧否，以为予夺。后因符融、李膺之非议，而名渐衰，惭叹逃去。黄晋二人本轻薄子，而得致高名，并一时操品题人物之权，则知东汉士人，名实未必相符也。及至汉末，名器尤滥。《抱朴子·名实篇》曰："汉末之世，灵献之时，品藻乖滥，英逸穷滞，饕餮得志，名不准实，贾不本物，以其通者为贤，塞者为愚。"（《审举篇》亦言及此）天下人士痛名实之不讲，而形名之义见重，汉魏间名法家言遂见流行。

汉末政论家首称崔寔、仲长统。崔寔综核名实，号称法家。其《政论》亦称贤佞难别，是非倒置。并谓世人徒以一面之交，定臧否之决。仲长统作《乐志论》，立身行己，服膺老庄。然《昌言》曰："天下之士有三可贱。慕名而不知实，一可贱。"王符《潜夫论》主张考绩，谓为太平之基。文有曰："有号则必称于典，名理者必效于实，则官无废职，位无非人。"徐幹《中论》曰："名者所以名实也。实立而名从之，非名立而实从之也。故长形立而名之曰长，短形立而名之曰短。非长短之名先立，而长短之形从之也。仲尼之所以贵者，名实之名也。贵名乃所以贵实也。"刘廙《政论·正名篇》曰："名不正则其事错矣。""王者必正名以督其实。""行不美则名不得称，称必实所以然，效其所以成。故实无不称于名，名无不当于实。"据此诸言，可征形名、名形之辨，为学术界所甚注意之问题。

《人物志》者，为汉代品鉴风气之结果。其所采观人之法，所分人物名目，所论问题，必均有所本。惜今不可详考。惟其书宗旨，要以名实为归。凡束名实者，可称为名家言也（《后汉书·仲长统传》注曰"名实，名家也"）。《材能篇》曰："或曰人材有能大而不能小，犹函牛之鼎不可以烹鸡，愚以为此非名也。"盖名必当实，若非实事，则非名也。《效难篇》曰："名犹（疑'由'字）口进，而实从事退。"又曰："名由众退，而实从事章。"（此二语似系引当时常用语）前者名胜于实，众口吹嘘，然考之事功，则其名败。后者实超于名，众所轻视，然按之事功，则真相显。二者均月旦人物普通之过失也。夫邵既注意名实，察人自重考绩，故作都官考课之法。其上疏有曰："百官考课，王政之大较。"且核名实者，常长于法制。邵作有《法论》（《隋志》入法家），又受诏作新律十八篇，著《律略论》。按魏律以刑名为首篇，盖亦深察名实之表现也。

　　王者通天地之性，体万物之情，作为名教。建伦常，设百官，是谓名分。察人物彰其用，始于名目。以名教治天下，于是制定礼法以移风俗。礼者国家之名器（刘邵劝魏明帝制礼作乐），法者亦须本于综核名实之精神。凡此皆汉晋间流行之学说，以名实或名形一观念为中心。其说虽涉入儒名法三家，而且不离政治人事，然常称为形名家言。至于纯粹之名学，则所罕见。然名学既见重，故亦兼有述作。魏晋间爰俞辩于论议，采公孙龙之辞以谈微理。其后乃有鲁胜注墨辩，为刑（依孙校作形）名二篇。爰俞之言今不可知。鲁胜则仍袭汉魏名家之义。其叙曰："名者所以别同异，明是非，道义之门，政化之准绳也。"又曰："取辩于一物，而原极天下之污隆，名之至也。"又自谓采诸众集为刑（形）名二篇，略解指归云云。如其所采亦有魏晋形名之说，则是书指归，必兼及于政治人事也。

　　魏晋清谈，学凡数变。应詹上疏，称正始与元康、永嘉之风不同。戴逵作论，谓竹林与元康之狂放有别。依史观之，有正始名士（老学较盛）、元康名士（庄学最盛）、东晋名士（佛学较盛）之别。而正始如以王何为代表，则魏初之名士，固亦与正始有异也。魏初，一方承东都之习尚，而好正名分，评人物。一方因魏帝之好法术，注重典制，精刑律。盖均以综核名实为归。名士所究心者为政治人伦。著书关于朝廷社会之实事，或尚论往昔之政事人物，以为今日之龟鉴，其中不无原理。然纯粹高谈性理及抽象原则者，绝不可见。刘邵之论性情，比之于宋明诸儒；论形名，较之惠施公孙龙之书，趣旨大别。后世称魏晋风气概为清谈玄学。而论清谈者，多引干宝《晋论》。如曰："谈者以虚薄为辩，而贱名检。"然魏曹羲、何晏、邓飏之党与也。其《至公论》曰："谈论者以当实为清。"则谈并不主虚薄也。又曹羲之言，乃论清议臧否，而魏初论人物者固亦甚贵名检也（当实为清，本循名责实之意）。

魏初清谈，上接汉代之清议，其性质相差不远。其后乃演变而为玄学之清谈。此其原因有二：（一）正始以后之学术兼接汉代道家（非道教或道术）之绪（由严遵、扬雄、桓谭、王充、蔡邕以至于王弼），老子之学影响逐渐显著，即《人物志》已采取道家之旨（下详）。（二）谈论既久，由具体人事以至抽象玄理，乃学问演进之必然趋势。汉代清议，非议朝政，月旦当时人物。而魏初乃于论实事时，且绎寻其原理。如《人物志》，虽非纯论原理之书（故非纯名学），然已是取汉代识鉴之事，而总论其理则也。因其亦总论理则，故可称为形名家言。汉代琐碎之言论已进而几为专门之学矣。而同时因其所讨论题材原理与更抽象之原理有关，乃不得不谈玄理。所谓更抽象者，玄远而更不近人事也。

上项转变，可征诸于《人物志》一书。其可陈述者凡二点：（甲）刘邵论君德，本道家言。人君配天，自可进而对于天道加以发挥。此项趋势最显于王弼之书，待后论之。（乙）《人物志》以情性为根本，而只论情性之用。因此自须进而对于人性本身加以探讨，才性之辩是矣（按魏中正品状，品美其性，状显其才。故当时不论性情而辩才性。此盖与实际政治有关）。

才性论者，魏有傅嘏、李丰、钟会、王广。嘏与会均精于识鉴（嘏评夏侯玄、何晏等事，见《魏志》本传注及《世说》。会相许允子事，见《魏志·夏侯玄传》注）。李丰曾与卢毓论才性（丰主才性异，见《魏志·毓传》）。毓本好论人物，作《九州人物论》。而丰亦称能识别人物（《魏志·夏侯玄传》注）。盖皆是与刘邵同类人物也。（王广待详）按何劭《荀粲别传》（《魏志·荀彧传》注及《世说》注）云：

太和初到京邑，与傅嘏谈。嘏善名理，而粲尚玄远。

《世说·文学篇》云：

傅嘏善言虚胜，荀粲谈尚玄远。

注引《傅子》曰：

嘏既达治好正，而有清理识要。如论才性，原本精微。

合观上文，嘏所善谈者名理。而才性即名理也。虚胜者，谓不关具体实事，而注重抽象原理。注故称其所谈，原本精微也。至若玄远，乃为老庄之学，更不近于政事实际，则正始以后，谈者主要之学问也。又《世说·德行篇》注引李秉（原作康，误）《家诫》，言司马文王云：

天下之至慎者，其惟阮嗣宗乎。每与之言，言及玄远，而未尝评论时事，臧否人物。

按自东汉党祸以还，曹氏与司马历世猜忌，名士少有全者。士大夫惧祸，乃不评论时事，臧否人物。此则由汉至晋，谈者由具体事实至抽象原理，由切近人事至玄远理则，亦时势所造成也。

综上所言，正始前后学风不同，谈论殊异。《人物志》为正始前学风之代表作品，故可贵也。其后一方因学理之自然演进，一方因时势所促成，遂趋于虚无玄远之途，而鄙薄人事。《世说·言语篇》曰：

> 刘尹与桓宣武共听讲《礼记》。桓云："时有入心处，便觉咫尺玄门。"刘曰："此未关至极，自是金华殿之语。"

魏初名士谈论，均与政治人事有关，亦金华殿语也。东晋名士听讲《礼记》，虽觉入心，而叹其未关至极。则风尚之已大有变迁，盖可窥矣。

三

《人物志》一书之价值如何，兹姑不论。但魏初学术杂取儒名法道诸家，读此书颇可见其大概。故甚具历史上之价值，兹略述于下。

汉魏名家亦曰形名家，其所谈论者为名理。王符《潜夫论》曰："有号则必称于典，名理者必效于实，则官无废职，位无废人。"此谓典制有号，相称则官无废职，人物有名，见效则位无废人。然则名理乃甄察人物之理也。傅玄曰："国典之坠，犹位丧也。位之不建,名理废也。"据此,则设位建官亦谓之名理。荀粲善谈名理,据《世说》注,似其所善谈者才性之理也,此皆名理一辞之旧义。后人于魏晋玄学家均谓长于名理,失其原义矣。按名家以检形定名为宗而推之于制度人事,儒家本有正名之义,论名教者,必宪章周孔,故《人物志》自以为乃依圣人之训。其序曰:

是故仲尼不试,无所援升。犹序门人以为四科,泛论众材以辨三等。又叹中庸以殊圣人之德,尚德以劝庶几之论,训六蔽以戒偏材之失,思狂狷以通拘抗之材,疾悾悾而无信以明为(应作依,名见《九征篇》,依《全三国文》据宋本作伪)似之难保。

刘邵叙列人物首为圣人,有中庸至德。次为兼材,以德为目(伊尹、吕望又如颜子)。次为偏至之材自名。此乃三度,谓出于仲尼之三等也。此外则抗者过之,拘者不逮,谓出于孔子所言之狂狷。至若乱德之人,一至一违,称为依似,则是孔子所斥悾悾无信之人。刘邵分别品目,大较不出于此,均自谓本于儒教也(书中引儒义尚多,兹不赘)。应詹上疏谓元康时乃以玄虚弘放为夷达,以儒术清俭为鄙俗。正始之间则不然,盖魏世名分礼法本为时尚,读者并为儒书,家教犹具典型。即阮嵇放达,亦似有疾而为,非以乱道(戴逵《放达为非道论》)。晋兴以后则不然矣。

名法二家均言循名责实,其关系尤密,此可于刘邵、卢毓二人见之。刘作《人物志》,卢作《九州人士论》,同主依名选士,考课核实。毓与邵同定律,于刑律均有著述。毓所举之名人有阮武。武亦为法家，亦能知人，比为郭林宗。其所作《政论》言弩有法准，故易为善，明主张法于天下以制强梁之人。其告杜恕依才性能用为言，则亦兼名法家言也。又建立纲常，尊卑有序，设官分职，位人以材，本儒教正名制礼之义。然《韩非子》曰："术者因任而授官，循名而责实，操杀生之柄，课群臣之能，此人主之所执。"则名分卑尊择人任官，在儒家为教化，而在法家则为主术。教化所以导善，主术乃以防奸。魏晋相继，篡逆迭起，权臣执柄，君臣危之，则不得不申尊卑之防。篡杀既成，窃国者自危，尤不得不再申正名之义。曹魏父子严刑峻法，司马父子奖挹忠孝，其迹虽殊，用意则一。故不但儒名二家相通，而其实则常实为法术之运用也。又考课之法原载儒书，然其意固在综核名实，则又法家之言。故论者多讥其专在止奸，而失于立本。故卢毓刘邵立考课之法而傅嘏上疏有曰："建官均职，清理民物，所以立本也。循名考实，纠励成规，所以治末也。"杜恕奏有曰："世有乱人无乱法，若使法可任，则唐虞不须稷契之佐，殷周无贵伊吕之辅矣。"又曰："今之学者师商韩而上法术，竞以儒家为迂阔，不周世用，此最风俗之流弊。"据此则考绩托言源出圣王之治，而实阴取申韩之术也。按傅嘏论才性出于名家，杜恕作《体论》乃儒家言（《隋志》），殊少法家趣味。刘邵重考课，修刑律，其学虽合儒名，而法家之精神亦甚显著也。

　　魏文帝重法术，明帝奖经术，形名家言通于二家亦甚流行于世。然其时道家之学亦渐盛，终成正始玄风。故正始以前名士中颇兼老氏学而可称为过渡之人物。夏侯玄少知名，士大夫中声望极重。荀粲好道家言，赞泰初为一时之杰。何晏喜玄理，谓其深而能通天下之志。玄亦复崇奉自然，在魏代玄学家泰初之地位颇高，而时亦较早。然玄亦以知人见称于世，为中护军拔用武官无非俊杰（以此为司马氏所忌）。书议时事，评九品中正，陈建官之意，最中时弊。其论古无肉刑，与李胜往复，则知亦留心于法意。故夏侯泰初者上接太和中名法之绪，下开正始玄理之风也。钟会少尝受《易》与《老子》，反复诵习，曾论《易》无互体，与王弼之意相同，史亦称其与辅嗣并知名，则会固擅长玄学。会又长于识鉴，善论才性，集傅嘏等之说而为《四本论》，此论在魏晋甚流行，故史又称会精练名理也。《魏志》本传曰："及会死后，于会家得书二十篇，名为《道论》，而实刑（应作形）名家也。其文似会。"夫论以道名而内容为形名，其故何在，颇堪探索。

今本《尹文子》序曰："其学本于黄老，大较刑（形）名家也。"高似孙《子略》论，亦言其杂取道法。《四库提要》云："其书本名家者流，大旨指陈治道欲自处于虚静，而万事万物则一一综核其实。故其言出入于黄老申韩之间。"魏代名家本采纳黄老之说，《尹文子》所陈与钟会之《道论》想大体不殊。《尹文子》似是汉末名家伪托之书，兹以无确证，姑不详疏。然魏世任嘏作《道论》，其书固亦为名家，其佚文多言政治人事，而《御览》引一条曰：

> 木气人勇，金气人刚，火气人强而躁，土气人智而宽，水气人急而贼。

此论人物之理与刘邵九征之说虽不全同，但任子《道论》，固亦形名家言也。

何晏、王弼已为正始之玄学家，与魏初名士不同（晏之《道论》自与任子《道论》有殊），然犹受时代之影响。平叔具有法家精神。选人各得其才（傅咸语），则亦善名家之术。至若辅嗣著书，外崇孔教，内实道家，为一纯粹之玄学家。然其论君道，辨形名，则并为名家之说。《老子注》自未受《人物志》之影响，然其所采名家理论，颇见于刘邵之书也。

《人物志》中道家之说有二：一为立身之道，一为人君之德。其言有曰：

> 老子以无为德，以虚为道。
>
> 君子知屈之可以为伸，故含辱而不辞。知卑让之可以胜敌，故下之而不疑。
>
> 君子之求胜也，以推让为利锐，以自修为棚橹，静则闲嘿泯之玄门，动则由恭顺之通路。是以战胜而争不形，敌服而怨不构。
>
> 《老子》曰："夫惟不争，故天下莫能与之争。"是故君子以争途之不可由也，是以越俗乘高，独行于三等之上。何谓三等？大无功而自矜一等，有功而伐之二等，功大而不伐三等。（下略）
>
> 不伐者，伐之也。不争者，争之也。让敌者，胜之也。下众者，上之也。

卑弱自持为刘邵教人立身之要道。《人物志》本为鉴人序材之书，此义似若与题无干，而书末竟加有释争一篇，则其于《老子》之说深为契赏，可以知也。

刘邵以为平治天下必须圣人，圣人明智之极，故知人善任。知人善任则垂拱而治，故能劳聪明于求人，获安逸于任使（序文）。此人君无为而治之一解也。晋裴𬱟（颜）上疏有曰：

> 故尧舜劳于求贤，逸于使能，分业既辨，居任得人，无为而治，岂不宜哉！

裴頠（顗）本以善名理见称，并作《崇有论》以尊名教，与喜玄虚者不同，尚为魏初学术之余响。与其说有相似者为郭象，《庄子注》有曰：

> 夫在上者患于不能无为而代人臣之所司，使伯益不得行其明断，后稷不得施其播殖，则群才失其任，而主上困于役矣。

郭象之说其所据虽别有妙义，而此处解无为之治与上文无异也。此解亦见于王弼《老子注》，其文曰：

> 夫天地设位，圣人成能。人谋鬼谋，百姓与能者，能者与之，资者取之，能大则大，资贵则贵，物有其宗，事有其主。如此则冕旒充目而不惧于欺，黈纩塞耳而无戚于慢，又何为劳一身之聪明以察百姓之情哉？

魏明帝至尚书门欲案行文书，尚书令陈矫跪阻曰："此自臣职分，非陛下所宜临也。若臣不称其职，则请就黜退，陛下宜还。"帝惭而返。此具见当时此类学说当世上下共知，今世推克特它（Dictator）大权独握，百事躬亲，在下者亦不敢进以此言，即言之，在上者亦必所未喻也。

知人善任，治平之基。知人必待圣王，圣人之所以能知人善任，则因其有中庸至德。中庸本出于孔家之说，而刘邵乃以老氏学解释之。《人物志》曰：

> 凡人之质量中和最贵矣。中和之质必平淡无味，故能调成五材，变化应节。
>
> 夫中庸之德，其质无名，咸而不碱，淡而不𩛩，质而不缦，文而不缋，能威能怀，能辩能讷，变化无方，以达为节。
>
> 若道不平淡与一材同用好，则一材处权，而众材失任矣。
>
> 主德者聪明平淡，总达众材，而不以事自任也。

圣德中庸，平淡无名，不偏不倚，无适无莫，故能与万物相应，明照一切，不与一材同用好，故众材不失任（无名）。平淡而总达众材，故不以事自任（无为）。和洽谓魏武帝曰："立教观俗，贵处中庸，为可继也。"亦是同意。

知人善任，名家所注意。中庸应变乃采道家之说。此不独在政治上有此综合，而其所据乃有形而上之学说也。此则见于《尹文子》。《尹文子》固形名家而参以道家。其书首曰："大道无形，称器有名。"夫形而上者谓之道，形而下者谓之器，依宇宙说，道无名无形，而器则有名有形。就政治说，君德配天，上应天道。故君亦无名，不偏，而能知用众材，百官则有名而材各有偏至。器以道为本，臣亦君为主。此合虚无名分为一理，铸道德形名于一炉也。刘邵仍是名家，此义仅用之于政治，王弼乃玄学家，故既用此义于解君德，而且阐明其形上学之根据。《论语》皇疏四引王弼云：

> 中和质备，五材无名。

此称美圣德，文意与《人物志》全同。《老子》曰："朴散则为器，圣人用之则为官长。"王注曰：

> 朴，真也。真散则百行出，殊类生，若器也。圣人因其分散，故为之立官长，以善为师，不善为资，移风易俗，复使归于一也。

夫道常无名，朴散则为器（有名），圣王亦无名，但因天下百行殊类而设官分职，器源于道，臣统于君也。故三十二章注又曰：

> 道无形、不系、常、不可名……朴之为物，以无为心也。亦无名，故将得道，莫若守朴。

道无形无名，圣君法天，故莫若守朴。圣德守朴则中庸平淡，可役使众材（如智勇等）而为之君（即不为人所役使）。故注又曰：

> 夫智者可以能臣也，勇者可以武使也，巧者可以事役也，力者可以重任也（百官分职）。朴之为物，愦然不偏，近于无有，故曰莫能臣也（谓君也）。

故三十八章注有曰：

> 载之以道，统之以母（无名无形）。故显之而无所尚，

彰之而无所竞。用夫无名，故名以笃焉。用夫无形，故形以成焉。守母以存其子，崇本以举其末，则形名俱有而邪不生，大美配天而华不作。故母不可远，本不可失。仁义，母之所生，非可以为母。形器，匠之所成，非可以为匠也。

君德法道，中和无名，因万物之自然（故二十七章注曰："圣人不立形名以检于物。"《后汉纪》卷三袁论首段可参看），任名分而恰如分际（故三十二章注曰："过此以往，将争锥刀之末。"），则可以成天功而跻于至治也（《列子》注引夏侯玄语，疑亦可如上解，兹不赘）。

总上所言，刘邵、王弼所陈君德虽同，而其发挥则殊异，《人物志》言君德中庸，仅用为知人任官之本，《老子注》言君德无名，乃证解其形上学说，故邵以名家见知，而弼则为玄学之秀也。

（原刊于1939年昆明《益世报》读书双周刊第119—121期）

言意之辨

章太炎《五朝学》有云："俗士皆曰，秦汉之政踔踔异晚周，六叔（魏、晋、宋、齐、梁、陈）之俗孑尔殊于汉之东都。其言虽有类似。魏晋者俗本之汉，陂陀从迹以至，非能骤溃。"（《章氏丛书·文录》卷一）夫历史变迁，常具继续性。文化学术虽异代不同，然其因革推移，悉由渐进。魏晋教化，导源东汉。王弼为玄宗之始，然其立义实取汉代儒学阴阳家之精神，并杂以校练名理之学说，探求汉学蕴摄之原理，扩清其虚妄，而折衷之于老氏。于是汉代经学衰，而魏晋玄学起。故玄学固有其特质，而其变化之始，则未尝不取汲于前代前人之学说，渐靡而然，固非骤溃而至。今日而欲了解玄学，于其义之所本，及其变迁之迹，自不可忽略也。

复次，研究时代学术之不同，虽当注意其变迁之迹，而尤应识其所以变迁之理由。理由又可分为二：一则受之于时风。二则谓其治学之眼光之方法。新学术之兴起，虽因于时风环境，然无新眼光新方法，则亦只有支离片段之言论，而不能有组织完备之新学。故学术，新时代之托始，恒依赖新方法之发现。夫玄学者，谓玄远之学。学贵玄远，则略于具体事物而究心抽象原理。论天道则不拘于构成质料（Cosmology），而进探本体存在（Ontology）。论人事则轻忽有形之粗迹，而专期神理之妙用。夫具体之迹象，可道者也，有言有名者也。抽象之本体，无名绝言而以意会者也。迹象本体之分，由于言意之辨。依言意之辨，普遍推之，而使之为一切论理之准量，则实为玄学家所发现之新眼光新方法。王弼首得意忘言，虽以解《易》，然实则无论天道人事之任何方面，悉以之为权衡，故能建树有系统之玄学。夫汉代固尝有人祖尚老庄，鄙薄事功，而其所以终未舍弃天人灾异通经致用之说者，盖尚未发现此新眼光新方法而普遍用之也。

由此言之，则玄学统系之建立，有赖于言意之辨。但详溯其源，则言意之辨实亦起于汉魏间之名学。名理之学源于评论人物。《抱朴子·清鉴篇》曰：

> 区别臧否，瞻形得神，存乎其人，不可力为。自非明并日月，听闻无音者，愿加清澄，以渐进用，不可顿任。

盖人物伪似者多，辨别极难。而质美者未必优于事功，志大者而又尝识不足。前者乃才性之名理，后者为志识之名理，凡此俱甚玄微，难于辨析。而况形貌取人必失于皮相。圣人识鉴要在瞻外形而得其神理，视之而会于无形，听之而闻于无音，然后评量人物，百无一失。此自"存乎其人，不可力为"；可以意会，不能言宣（此谓言不尽意）。故言意之辨盖起于识鉴。晋欧阳建《言尽意论》（《艺文类聚》十九）曰：

> 世之论者以为"言不尽意"，由来尚矣。至乎通才达

识咸以为然。若夫蒋公之论眸子，钟、傅之言才性，莫不引此为谈证。

魏晋间名家之学流行，而言不尽意则为推求名理应有之结论。时人咸喜月旦品题，自渐悟及此义。故当时通才达识咸以为然。而魏世蒋济著论谓观眸子可以知人，钟会傅嘏之辨论才性，为名理上最有名之讨论（按会嘏均《四本论》中人。又钟傅或指太傅钟繇，然繇未闻论才性），均引言不尽意以为谈证。尤可见此说源于名理之研求，而且始于魏世也。欧阳建主张言可尽意，而其论中亦述及言不尽意之义。其文曰：

夫天不言而四时行焉，圣人不言而鉴识存焉。形不待名而圆方已著，色不俟称而黑白已彰。然则名之于物无施者也，言之于理无为者也。

名家原理，在乎辨名形。然形名之检，以形为本，名由于形，而形不待名，言起于理，而理不俟言。然则识鉴人物，圣人自以意会，而无需于言。魏晋名家之用，本为品评人物，然辨名实之理，则引起言不尽意之说，而归宗于无名无形。夫综核名实，本属名家，而其推及无名，则通于道家。而且言意之别，名家者流因识鉴人伦而加以援用，玄学中人则因精研本末体用而更有所悟。王弼为玄宗之始，深于体用之辨，故上采言不尽意之义，加以变通，而主得意忘言。于是名学之原则遂变而为玄学家首要之方法。

案《周易》系辞云："子曰，书不尽言，言不尽意。然则圣人之意，其不可见乎。"夫易建爻象，应能尽意（参看李鼎祚《集解》引虞翻、陆绩、侯果、崔憬之注），其曰"言不尽意"者自有其说。王辅嗣以老庄解《易》，于是乃援用《庄子·外物篇》筌蹄之言，作《易略例·明象章》，而为之进一新解。文略曰："尽意莫若象，尽象莫若言。"然"言者所以明象，得象而忘言。象者所以存意，得意而忘象。""是故存言者非得象者也，存象者非得意者也。"然则"忘象者乃得意者也，忘言者乃得象者也"。因此言为象之代表，象为意之代表，二者均为得意之工具。吾人解《易》要当不滞于名言，忘言忘象，体会其所蕴之义，则圣人之意乃昭然可见。王弼依此方法，乃将汉易象数之学一举而廓清之，汉代经学转为魏晋玄学，其基础由此而奠定矣。

王弼之说起于言不尽意义已流行之后，二者互有异同。盖言不尽意，所贵者在意会；忘象忘言，所贵者在得意，此则两说均轻言重意也。惟如言不尽意，则言几等于无用，而王氏则犹认言象乃用以尽象意，并谓"尽象莫若言""尽意莫若象"，此则两说实有不同。然如言不尽意，则自可废言，故圣人无言，而以意会。王氏谓言象为工具，只用以得意，而非意之本身，故不能以工具为目的，若滞于言象则反失本意，此则两说均终主得意废言也。

王氏新解，魏晋人士用之极广，其于玄学之关系至为深切。凡所谓"忘言忘象""寄言出意""忘言寻其所况""善会其意""假言""权教"诸语皆承袭《易略例·明象章》所言。兹归纳群言，缕陈其大端于下：

第一，用于经籍之解释。王弼作有《论语释疑》，书已佚，大旨当系取义难通者为之疏抉（故于《论语》十卷只有释疑三卷）。子贡曰："回也闻一以知十，赐也闻一以知二。"夫回赐优劣固为悬殊，然二、十之数，依何而定？张封溪曰："一者数之始，十者数之终。颜生体有厚识，故闻始则知终。子贡识劣，故闻始裁知至二也。"其说牵强泥于文义。而王弼曰："假数以明优劣之分，言己与颜渊十裁及二，明相去悬远也。"（皇疏三）又"子曰：'君子而不仁者有矣夫，未有小人而仁者也'"。孔安国注云："虽曰君子，犹未能备也。"是君子犹可不仁，其义颇为费解。而王弼曰："假君子以甚小人之辞，君子无不仁也。"（皇疏七）此均以假言之说释《论语》中之滞义。其后晋人注疏多用此法，如《论语》"子曰：'吾不复梦见周公。'"李充注曰："圣人无想，何梦之有，盖伤周德之日衰，哀道教之不行，故寄慨于不梦。"（皇疏四）又"季子然问仲由冉求可谓大臣欤？"缪协称中正曰："所以假言二子之不能尽谏者，以说季氏虽知贵其人而不能敬其言也。"（皇疏六）凡魏晋南朝之解经依此法者甚多，不必详述，但凡会通其义而不拘拘于文字者皆根据寄言出意之精神也。

汉代经学依于文句，故朴实说理，而不免拘泥。魏世以后，学尚玄远，虽颇乖于圣道，而因主得意，思想言论乃较为自由。汉人所习曰章句，魏晋所尚者曰"通"。章句多随文饰说，通者会通其义而不以辞害意。《左氏传》杜注曰："诗人之作各以情言，君子论之，不以文害意。故《春秋传》引《诗》不皆与今说《诗》者同，后皆仿此。"（隐公元年）不以文害意（文本《孟子》），盖亦源于寄言出意之旨，而为魏晋玄学注解之通则也。魏晋注疏恒要言不烦，自抒己意。书之大旨或备于序文，如郭象注《庄子》之序是也。学问之体要，或具分述于"品目义"（谓篇名下之解释）中，张湛《列子》篇名之注是也。二者均谓之"通"，原在总论大义。至若随文作注，亦多择其证成己意处会通其旨略。未必全合于文句。故向秀观书鄙章句（颜延年五君咏），陶渊明好读书不求甚解，每有所会，欣然忘食（《五柳先生传》）。《世说·轻诋篇》注引《支遁传》曰：

> 遁每标举会宗，而不留心象喻，解释章句或有所漏，文字之徒多以为疑。谢安石闻而善之，曰此九方皋之相马也，略其玄黄而取其儁逸。"

沙门支道林为东晋谈玄之领袖，其所制作，群公赏为"名通"，其为学风格如此，南方之习尚可知矣。《世说·文学篇》曰：

> 褚季野语孙安国云："北人学问渊综广博。"孙答曰："南人学问清通简要。"支道林闻之曰："圣贤固所忘言，自中人以还，北人看书如显处视月，南人学问如牖中窥日。"

支所言固亦譬成孙、褚之理，但"显""牖"谓学之广、约，"日""月"指光之明暗，自是重南轻北，而其归宗于忘言得意，则尤见玄学第一义谛之所在也。

第二，忘象忘言不但为解释经籍之要法，亦且深契合于玄学之宗旨。玄贵虚无，虚者无象，无者无名。超言绝象，道之体也。因此本体论所谓体用之辨亦即方法上所称言意之别。二义在言谈运用虽有殊，但其所据原则实为同贯。故玄学家之贵无者，莫不用得意忘言之义以成其说。崇尚虚无者魏晋人士甚多，不能详陈。惟其最早有二系：一为王、何，一为嵇、阮。王辅嗣兼综名理，其学谨饬。汉代易学，拘拘于象数，繁乱支离，巧伪滋盛，辅嗣拈出得意忘象之义，而汉儒之学，乃落下乘，玄远之风，由此发轫。此为通常人所熟知，无须具论。

至若嵇叔夜则宅心旷达，风格奔放。其学与辅嗣大异，然得意废言之旨，固亦其说之骨干，兹请略陈之。盖王氏谨饬注重者本体之宗统，嵇氏奔放欣赏者天地之和美。嵇叔夜深有契于音乐，其宇宙观察颇具艺术之眼光（阮嗣宗亦同）。虽思想浮杂难求其统系，然概括言之，其要义有二。首则由名理进而论音声，再则由音声之新解而推求宇宙之特性。（一）名理之学本在校练名实，然其后乃因言象之讨论进而为无名之说。嵇康《声无哀乐论》本引及得意（文曰，能反三隅者得意之言），论中曾谓圣人鉴识不借言语。盖心不系于所言，言或不足以证心。

夫言非自然一定之物，五方殊俗，同事异号，举一名以为标识耳。

言为工具，只为心意之标识。意有定旨，而言则可因俗而殊。由此而可知声仅可有和音，而哀乐则因人心而不同。故嵇氏之意托大同于声音，归众情于人心。"和声无象"，不以哀乐异其度，犹之乎得意当无言，不因方言而异其所指也。（二）夫声无哀乐（无名），故由之而"欢戚具见"，亦犹之乎道体超象（无名），而万象由之并存。于是乃由声音而推及万物之本性。故八音无情，纯出于律吕之节奏，而自然运行，亦全如音乐之和谐。阮嗣宗《乐论》曰："夫乐者，天地之体、万物之性也。""昔者圣人之作乐也，将以顺天地之性，体万物之生也。"中散之义根本与步兵相同。综上所言，嵇氏盖托始于名学而终归于道家，其论证本亦用忘言得意之义也。

第三，忘言得意之义，亦用以会通儒道二家之学。汉武以来，儒家独尊，虽学风亦随时变，然基本教育固以正经为中心，其理想人格亦依儒学而特推周、孔。三国、晋初，教育在于家庭，而家庭之礼教未堕。故名士原均研儒经，仍以孔子为圣人。玄学中人于儒学不但未尝废弃，而且多有著作。王、何之于《周易》《论语》，向秀之《易》，郭象之《论语》，固悉当代之名作也。虽其精神与汉学大殊，然于儒经甚鲜诽谤（阮嗣宗非尧舜，薄汤武，盖一时有激而发）。《论语》子见南子本孔安国所疑（《集解》三），王仲任并大加非议（《论衡·问孔篇》），然王弼祖尚老学，而于此不但不愿如仲任之问孔，而且巧为之说，以释安国之疑。文云（皇疏三）：

　　案本传，孔子不得已而见南子，犹文王拘羑里，盖天命之穷会也。子路以君子宜防患辱，是以不悦也。
　　否泰有命，我之所屈不用于世者，乃天命厌之，言非人事所免也。重言之者，所以誓其言也。

夫天地四时犹有消息，而况人乎。此玄学家山涛引《易经》以答嵇绍之语（见《世说·政事篇》，参看《言语篇》张天锡答王中郎）。是义自非关汉代之阴阳，而指魏晋之自然。辅嗣引此以为孔书辩护，虽阳尊儒道而阴已令道家夺儒家之席矣。玄学人注经，巧为解释，大率类此，不必详举。

　　虽然孔子重仁义，老庄尚道德；儒书言人事，道家谈玄虚，其立足不同，趣旨大异。儒书多处如子见南子之类，虽可依道家巧为解说，而（甲）六经全豹实不易以玄学之管窥之，又（乙）儒书与诸子中亦间有互相攻击之文，亦难于解释。前者为儒道根本之差异，后者为文句上之冲突，二者均不得不求一方法以救之。此法为何？忘言得意之义是矣。

（甲）玄学贵尚虚无，而圣人（孔子）未尝致言。儒书言名教，老庄谈自然。凡老庄玄学所反复陈述者均罕见于儒经，则孔老二教，全面冲突，实难调和。魏晋人士于解决此难其说有二。其一则谓虚无之义固为圣人所体，但教化百姓如不用仁义名教，则虽高而不可行，此说见王弼答裴徽之语（《世说·文学篇》及注），郭象之《庄子注》序。然与言意之辨无关，兹可不论。其二则以虚无为本，教化为末，本末者即犹谓体用。致用须有言教（儒经），而本体（玄旨）则绝于言象。吾人不能弃体而徒言其用，故亦不能执著言教，而忘其象外之意。《论语》孔子曰："予欲无言"，又曰："天何言哉"。王弼解之（皇疏九）已用此旨：

> 夫立言垂教，将以通性，而弊至于湮。寄旨传辞，将以正邪，而势至于繁。既求道中，不可胜御，是以修本废言，则天而行化。

"寄旨"于言，本以出意。如言教而至于繁（如汉人之学），则当反求其本，修本者废言，则天而行化。此仍本得意忘言之义（何晏《集解》云，言益少故欲无言，旨趣与王不同）。晋人张韩（严可均谓"韩"疑"翰"误）作《不用舌论》（《艺文类聚》十七）引"天何言哉"，其解释与王说亦同，原文曰：

> 余以留意于言，不如留意于不言。徒知无舌之通心，未尽有舌之必（疑本不字）通心也。仲尼云："天何言哉，四时行焉。""夫子之文章可得而闻也。夫子之言性与天道不可得而闻。"（下略）

盖得意者废言，世人徒知哓哓然称赏得意，而不识废言然后得意，仲尼所云，均示废言之义，然则圣人固以言教人（儒书），而其本实在于无言也（至道虚无）。

张韩所引《论语·性与天道章》，尤为魏晋人士所尝道。《论语》"子贡曰：'夫子之文章可得而闻也，夫子之言性与天道不可得而闻也。'"按性与天道，汉儒与晋人所解悬殊，甚见学风之不同，兹姑不论。其"不可得而闻"一语，汉儒似有二解。

（一）《史记·天官书》云：

> 孔子论六经，纪异而说不书，至天道性命不传，传其人不待告，告非其人，虽言不著。

此则不可得闻，谓非其人则不传。

（二）桓谭上光武疏（《后汉书》本传，参看《前汉书·张禹传》）云：

> 观先王之记述，咸以仁义正道为本，非有奇怪虚诞之事，盖天道性命圣人所难言也。自子贡以下不得而闻，而况后世浅儒能通之乎？

此则天道性命均圣人所难言。自子贡以下，不可得而闻。上述二解虽稍殊，然其取义均与上引张韩之语根本不同。推求张氏之意，性与天道事绝言称（任昉《答示七夕诗启》语）。天本无言，自不得闻。执可闻之教，可道之道（用），而欲穷理尽性（体），则直认用为体，误指为月矣。是以留意于言，不如留意于不言，即得意忘言之旨也。

综上所陈，则立言设教虽有训人之用（儒书），而天道性命本越言象，故无言自为圣人之所体（玄学道本无言）。夫如是则圣人所言，虽与玄学之旨殊，而于圣人所无言处探求之，则虚无固仍为圣人之真性，与老庄之书所述者无异也。魏晋人士既持此说，于是乃一方解答儒书与老庄何以面目全殊，一方则以老庄为本，儒教为末。学者当不存言而忘其意，修其末而反废其本也。此虽调和孔老，而实崇道卑儒也。按魏世荀粲解释性与天道一章以儒经为糠秕，其说较上述尤为极端。《魏志》引何劭《荀粲传》云：

> 粲诸兄并以儒术论议，而粲独好道。常以为子贡称夫子之言性与天道不可得闻，然则六籍虽存，固圣人之糠秕。粲兄俣难曰："易亦云，圣人立象以尽意，系辞焉以尽言，则微言胡为不可得而闻见哉。"粲答曰："盖理之微者，非物之象所举也。今称立象以尽意，此非通于意外者也。系辞焉以尽言，此非言乎系表者也。斯则象外之意，系表之言，固蕴而不出矣。"

至道超乎象外，出乎系表。性与天道，自不可得而闻，然则六经固圣人之糟粕（详皇疏九）先王之陈述也（《庄子·天运篇》及郭注）。荀粲之义盖本之言不尽意，与王弼说忘言得意者不同，而弼并亦无糠秕六经之意，盖粲独好道，而弼言圣人体无（圣人谓孔子，见《世说·文学篇》弼答裴徽），实阴相老庄，阳崇孔氏。表面上仍以儒家为本位，故不能如粲之攻击儒书也。夫儒经既为糠秕，则孔、老差异根本推翻。二教冲突乃浅识者之自扰。然粲此说本言不尽意义应有之结论。由此可见言意之辨，于玄学之建立关系至大也。

总之，玄学家主张儒经圣人，所体者虚无；道家之书，所谈者象外。圣人体无，故儒经不言性命与天道；至道超象，故老庄高唱玄之又玄。儒圣所体本即道家所唱，玄儒之间，原无差别。至若文字言说均为方便，二教典籍自应等量齐观。不过偏袒道家者则根据言不尽意之义，而言六经为糠秕，荀粲是也。未忘情儒术者则谓寄旨于辞，可以正邪，故儒经有训俗之用，王弼是矣（上引皇疏九孔子无言王弼说及《世说》王答裴徽语）。二说因所党不同，故所陈互殊。然孔子经书，不言性道。老庄典籍，专谈本体。则老庄虽不出自圣人（孔子）之口，然其地位自隐在六经以上，因此魏晋名士固颇推尊孔子，不废儒书，而其学则实扬老庄而抑孔者也（查《抱朴子·尚博篇》崇奉正经，而以诸子为"筌蹄"，其说与时人不同。盖葛洪黜浮华奖礼教，以神仙为内，儒术为外，犹是汉人之旧习，非玄学中人也）。

（乙）根本差异之调和如上述。然老庄之书绝圣弃智，而儒家著作亦鄙薄诸子。此类文句，冲突显然，甚为难通。按子书中之毁非圣人，莫明于《庄子》。儒家之轻鄙庄老则有《法言》。因是向、郭注《庄》，李轨注《法言》，均不能不于此项困难之处，设法解决，其法为何，仍为寄言出意是也。

"向子期以儒道为壹"（谢灵运《辨宗论》），郭象袭取其注，立义亦同。《庄子·大宗师》孔子自谓游方之内，而《庄子》之文所宗者固乃游方之外（子桑户等三人），其言显以孔子为陋。然郭象则会通儒道，谓游外者必弘内，文有曰：

> 是故庄子将明流统之所宗（请游外）以释天下之可悟。若其就称仲尼之如此（若直谓孔子弘内），或则将据

所见以排之（六经文字乃众人所知见），故超圣人之内迹而寄方外于数子（子桑户等）。宜忘其所寄以寻述作之大意，则夫游外弘内之道坦然自明，而《庄子》之书，故是超俗盖世之谈矣。

由此言之，读《庄子》须忘言得意，乃能了然其所言实不背于孔子之学，而可知庄子并无毁仲尼之意。按《世说·文学篇》云：向秀"大畅玄风"，而《晋书》本传曰：庄注出世而"儒墨之迹见鄙，道家之言遂盛矣"。夫玄风之畅，儒学之消沉，自不始于向秀。然向、郭之注庄，不但解庄绝伦，而其名尊圣道，实唱玄理，融合儒道，使不相违，遂使赖乡夺洙泗之席。王、何以来，其功最大。按郭注开始，即告吾人读《庄》之法，须"要其会归，遗其所寄"。可知此义与向、郭之学关系甚大，余已另有文论之（《北大四十周年纪念册》乙编上），兹不赘。

扬雄《法言》尊孔教而排诸子。《修身篇》以韩非、庄子并言。东晋李轨注（秦氏影宋本）曰：

庄周与韩非同贯，不亦甚乎。惑者甚众，敢问何谓也？曰，庄虽借喻以为通妙，而世多不解。韩诚触情以言治，而阴薄伤化。然则周之益也其利迂缓，非之损也其害交急。仁既失中，两不与耳，亦不以齐其优劣比量多少也，统斯以往，何嫌乎哉。又问曰，自此以下凡论诸子莫不连言乎庄生者，何也？答曰，妙旨非见形而不及道者之言所能统，故每遗其妙寄，而去其粗迹。一以贯之，应近而已。

《君子篇》李注亦曰：

> 此章有似驳庄子,庄子之言远有其旨。不统其远旨者,遂往而不反,所以辨之也。各统其所言之旨,而两忘其言,则得其意也。

李轨以为无为之本乃圣人与老子所同(《问道篇注》),而注中所陈颇袭向、郭注《庄》之义(兹不能详)。其于扬子诽议庄周,亦同用寄言之法,解释其牴牾,其事与《庄子注》全同。则李弘范虽名注儒书,实宗玄学也。

第四,言意之辨,不惟与玄理有关,而于名士之立身行事亦有影响。按玄者玄远。宅心玄远,则重神理而遗形骸。神形分殊本玄学之立足点。学贵自然,行尚放达,一切学行,无不由此演出。阮籍《答伏义书》有曰:

> 徒寄形躯于斯域,何精神之可察。

形骸粗迹,神之所寄。精神象外,抗志尘表。由重神之心,而持寄形之理,言意之辨,遂亦合于立身之道。卢谌《赠刘琨诗》有曰:

> 谁谓言精,致在赏意。不见得鱼,亦忘厥饵。遗其形骸,寄之深识。

嵇康《赠秀才入军诗》有曰:

> 俯仰自得,游心泰玄,嘉彼钓叟,得鱼忘筌,郢人逝矣,谁与尽言。

魏晋士大夫心胸，务为高远，其行径虽各有不同，而忘筌之致，名士间实无区别也。概括论之，汉人朴茂，晋人超脱。朴茂者尚实际。故汉代观人之方，根本为相法，由外貌差别推知其体内五行之不同。汉末魏初犹颇存此风（如刘邵《人物志》），其后识鉴乃渐重神气，而入于虚无难言之域。即如人物画法疑即受此项风尚之影响。抱朴子尝叹观人最难，谓精神之不易知也。顾恺之曰："凡画人最难。"（张彦远《历代名画记》卷一）当亦系同一理由。《世说·巧艺篇》云：

> 顾长康画人或数年不点目精，人问其故，顾曰："四体妍蚩，本无关于妙处，传神写照正在阿堵中。"

数年不点目睛（《人物志》谓征神于目），具见传神之难也。四体妍蚩，无关妙处（参看同书顾长康画裴楷），则以示形体之无足重轻也。汉代相人以筋骨，魏晋识鉴在神明。顾氏之画理，盖亦得意忘形学说之表现也（魏晋文学争尚隽永，《文心雕龙》推许隐秀，隽永谓甘美而义深长，情在词外曰隐，状溢目前曰秀，均可知当时文学亦用同一原理，此待另论之）。

魏晋名士谈理，虽互有差别，但其宗旨固未尝致力于无用之言，而与人生了无关系。清谈向非空论，玄学亦有其受用。彼神明之贵尚，象外之追求，固可有流弊贻害国家，然玄理与其行事仍求能一贯，非空疏不适实用之哲理也。大凡欲了解中国一派之学说，必先知其立身行己之旨趣。汉晋中学术之大变迁亦当于士大夫之行事求之。汉世以察举取士，而天下重名节。月旦品题，乃为士人之专尚。然言貌取人，多名实相乖，由之乃忽略"论形之例"而竟为"精神之谈"（《抱朴子·清鉴篇》），其时玄风适盛，乃益期神游，轻忽人事，而理论上言意之辨，大有助于实用上神形之别。世风虽有迁移，而魏晋之学固出于汉末，而在在与人生行事有密切之关系也。

魏晋名士之人生观，既在得意忘形骸。或虽在朝市而不经世务，或遁迹山林，远离尘世。或放弛以为达，或佯狂以自适。然既旨在得意，自指心神之超然无累。如心神远举，则亦不必故意忽忘形骸。读书须视玄理之所在，不必拘于文句。行事当求风神之萧朗，不必泥于形迹。夫如是则身虽在朝堂之上，心无异于在山林之中。"名教中自有乐地"，不必故意造作也（山涛言名教有乐地语，亦另含一义，兹不赘）。故嵇阮之流，虽贵"得意，忽忘形骸"（《晋书·阮籍传》），而何劭（敬祖）《赠张华诗》则曰："奚用遗形骸，忘筌在得鱼。"二者均用得意忘言之旨也。

夫依何劭之义得意者固尝抗迹尘表。而既已得意，亦不必执着，务期忽忘形骸。《广弘明集》载东晋（原作"陈"，误）张君祖（张翼，字君祖，晋东海太守，详唐窦蒙《述书赋》注，载《法书要录》卷五）《咏怀诗》云："运形不标异，澄怀恬无欲""何必玩幽闲，青衿表离俗"，盖得何劭之旨。夫沙门居山林，绝俗务，不但义学与玄理相通，即其行事亦名士所仰慕，故晋世佛法大行，竺法颢将遁居西山（疑为宣城之华阳山），张君祖特作诗以嘲之。而康僧渊（康原作"庚"，误）亦以诗答。康序谓君祖之诗"虽云言不尽意，盖亦几矣"。实则依忘言得意论之，牵于俗务，固未忘言；远遁西山，亦未必得意。居士若果澄怀无欲，则在朝市中，亦可以忘筌。（张诗曰"居士亦有党"，可称为明代居士派之远祖。）君祖答诗有曰：

冲心超远寄，浪怀邈独往。众妙常所睎，维摩余所赏

（维摩居士未出家）。苟未体善权，与子同佛仿。悠悠诚满域，所遗在废想。

既言不尽意，则所贵者自在得意。既贵得意，而碍于形迹，则徒得至道之仿佛，外虽貌似，而内未神全。拘拘然恪守言教，而未了言教本为方便。佛家善权方便，本合于玄家得意忘形之义。故君祖言及，以嘲僧人。夫沙门康僧渊序中叹"言不尽意"，而岂知君祖固善于言意之妙谛也耶。（王坦之《沙门不得为高士论》意亦同，看《世说·轻诋篇》所记。）

复次，观上述四端，可知言意之辨，在玄理中其地位至为重要。魏晋佛学为玄学之支流，自亦与之有关系，今请进而论之。玄学之发达乃中国学术自然演化之结果，佛学不但只为其助因，而且其入中国本依附于中华之文化思想以扩张其势力。大凡外国学术初来时理论尚晦，本土人士仅能作支节之比附。及其流行甚久，宗义稍明，则渐可观其会通。此两种文化接触之常例，佛学初行中国亦然。其先比附，故有竺法雅之格义。及晋世教法昌明，则亦进而会通三教。于是法华权教，般若方便，涅槃维摩四依之义流行，而此诸义，盖深合于中土得意忘言之旨也。

佛教来华，在于汉之中叶。佛学始盛，约在桓灵之世。安世高于桓帝时到中夏，其学稽古，善于禅教。当其讲说，悉就经中之事数，逐条依次，口解其义。盖西方沙门，除初步知识外，始受佛学，疑均诵"毗昙"。毗昙（阿毗达磨）者即"对法"，盖对于佛所说之法加以整理划一。最初之形式，如《长阿含》之《十报法经》，依数目之次序（四谛五阴等），逐项陈述。此原附于"契经"（修多罗）之中，其后分出，别立"对法"，为三藏之一。"对法"亦名摩得立迦，原义即为目录，盖佛说之纲目也。故毗昙学家长于阐明法数（因称为"数学"学）。然佛学名相，本难了解，而欲中国人信受，尤不得不比附此土已有之理论。故五阴四大乃比于元气五行（见《察微王经》），而真谛俗谛乃比于常道与可道（道安之说）。两晋之间竺法雅讲经乃立格义，以经中事数拟配外书，授之门徒。此种比附条例，当系承汉末以来授经者所积累，法雅不过总其成，广而述之耳。按事数之书，其性质颇与汉人象数之学相同，而五阴四大尤与汉代之理论相通。故格义者疑精神上大体仍依附汉学。按道安乃玄学家，然其在河北时，汉代学风实甚显著，由此可以推知竺法雅之学，似亦承汉学之旧风也。

华人融合中、印之学，其方法随时代变迁，唐以后为明心见性，隋唐为判教。而晋与南朝之佛学则由比附（格义）进而为会通，其所用之方法，仍在寄言出意。佛教玄学之大师，首推西晋竺法护，法护月支人，专弘般若方等之学。般若学扫除名相，其精神与"数学"家极不相同（因此而佛教之谈玄者称曰义学以别之），而汉末佛徒安玄，学宗大乘，"常与沙门讲论道义，世谓之为都尉玄。"（《祐录》十五）疑中国般若家讲经，早已有人与数论家不同。而般若方便之义，法华权教之说，均合乎寄言出意之旨（维摩四依至罗什译文乃显，支谦所译文晦不明）。竺法护宗般若译法华，故名士推为名僧中之山涛（孙绰《道贤论》）。按《法华经》于中国宗教及文学上影响甚大，而在哲理上则虽有天台依之建立宗义，然其崇拜法华（法华谶议），大唱圆顿止观（法华三昧），根本仍均注重宗教方面。但什公前后，法华亦备受义学沙门所尊崇。然考其故则不在宗教而在玄理。夫《法华经》本为般若实相学之羽翼。慧观《法华宗要序》（《祐录》八）引经颂曰：

> 是法不可示，言辞相寂灭。

此颂出于方便品，慧观特提出此文，必由罗什所指示。夫至道绝言超象，则文句亦圣人真意之糟粕耳。如此则二乘及一切教法悉为权说。夫玄学前既以得意之说混一孔老。此则依权教之义，亦可会通三教。夫道一而已矣，圣人之意，本自相同，而圣人之言则因时因地而殊。吾人绝不可泥于文字之异，而忘道体之同。故晋代人士咸信至道玄远，本源无二致。而善权救物，枝末可有短长。本一末异，同归殊途。学者要当不滞于末而忘其本，不以指为月，得鱼忘筌，得意忘言，斯乃可矣。

佛教玄理既亦主得意忘象，则自推翻安世高系之小乘毗昙，于是大乘义学因之兴盛，小乘数学由之消沉。故得意之说虽亦会通内外，而与格义比附，精神上迥然有别。格义限于事数，而忘言则超于象外。东晋佛徒释经遂与名士解儒经态度相同。均尚清通简要，融会内外，通其大义，殊不愿执著文句，以自害其意。故两晋之际有名僧人，北方首推释道安，则反对格义；南方倾倒支道林，则不留心文句。于法开"深思孤发，独见言表"。释慧远本不废儒经。然道既忘言，故读般若经而叹儒道九流皆为糠秕，其所持理由疑与荀粲之言相同。苻秦之末年，一切有部颇流行中国。然未久而鸠摩罗什来华，什公本排有部毗昙，崇尚无相空宗。故其弟子虽亦颇习有部，但极轻视事数名相。僧叡《十二门论序》（《祐录》十一）云：

> 正之以十二则有无兼畅，事无不尽。事尽于有无，则忘功于造化。理极于虚位，则表我于二际。然则表我在乎落筌，筌忘存乎遗寄。筌我兼忘，始可几乎实矣。

昙影《中论序》(《祐录》十一)云：

> 夫万化非无宗，而宗之者无相；虚宗非无契，而契之者无心。故至人以无心之妙慧而契彼无相之虚宗，内外并冥缘智俱寂，岂容名数于其间哉。但以悕玄之质趣必有由，非名无以领数，非数无以拟宗，故遂设名而召之，立数而辨之。然则名数之生生于累者，而可以造极而非其极，故何常之有耶？是故如来始逮真觉应物接粗启之以有（此指有部），后为大乘乃说空法，化适当时所悟不二（大乘实说，小乘乃权说，本《法华经》旨）。流至末叶象教之中，人根肤浅道识不明，遂废鱼守筌，存指忘月，睹空教便谓罪福俱泯，闻说相（谓有部）则谓之为真，是使有无交兴，生灭迭争，断常诸边，纷然竞起。

河西道朗，不闻其为罗什弟子，然要亦承受"关、河之学"，其《涅槃经序》(《祐录》八)云：

> 任运而动则乘虚照以御物，寄言蹄以通化。
> 或（惑）我生于谬想，非我起于因假。因假存于名数。故至我超名数而非无。

凡此上所引，一方受什公反对毗昙之影响，一方亦源出玄学得意忘言之说也。什公弟子中持此说最坚，用之最广，而最有关系者为竺道生。生公深得维摩四依、法华方便之真谛。伏膺般若绝言、涅槃超象之玄旨。于是悟曰："象者理之所假，执象则迷理；教者化之所因，束教则愚化。"(《广弘明集》慧琳《道生法师诔》）轻鄙滞文之徒，全以理为依归，故净土人所崇拜，而视为接粗之迹（道生有《佛无净土论》）。报应人所欣惧，而解为方便之言（道生有《善不受报义》）。烧身为无上功德，而生公以为经文本意，乃示更有重于身之宝（看《法华经·药王本事品》生公疏）。"观音"乃大众所诵持，而生公谓圣人权引无方，故寄之于名号（看《法华经·观世音普门品》疏。按《法华》所叙述之神话奇迹，道生恒指为寄言出意，兹姑不具陈）。忽略形迹之筌蹄，而冥会本体于象外。虽未尝呵佛骂祖，全弃渐修，然其学不拘文句，直指心性，固虽上继什公亦且下接曹溪，虽居晋末宋初，而已后开唐宋之来学矣。

夫得意忘言之说，**魏晋名士用之于解经，见之于行事。**为玄理之骨干，而且调和孔老。及至东晋佛学大盛，此说黜格义之比附，而唱法华诸经之会通，于是一则弃汉代之风，依魏晋之学；二则推翻有部，专弘般若，三则同归殊途，会合三教。又按佛经事数密如稠林，不但毗昙书中，罗列满纸，即般若诸经，亦逐项破斥，此既中华所无，故颇不易悟，然废言落筌之方既通行当代，故通释佛典者只需取其大意，略其名相，自不害其弘旨。故晋人佛教撰述殊不以事数为意，大异于隋唐之注疏。即如僧肇，实得印度学之精髓，而文字不用名相，其面目与玄学家之论说同（参看《文心雕龙·论说篇》）。夫佛经事数，华人所难，而领会大意则时风所尚。晋代人士既变佛经之烦重，为玄学之"会通"，自易为学术界所接受。然则以言说为方便，非但为当日释家之紧要条目，而佛学之大见流行盖亦系于此也。

（汤一介先生论述本文的写作于1940年，曾由北京大学文科研究所油印散发。）

魏晋玄学流别略论

溯自扬子云以后，汉代学士文人即间尝企慕玄远。凡抗志玄妙者，"常务道德之实，而不求当世之名。阔略杪小之礼，荡佚人间之事。"（冯衍《显志赋》）"逍遥一世之上，睥睨天地之间。不受当世之责，永保性命之期。"（仲长统《昌言》）则其所以寄迹宅心者，已与正始永嘉之人士无或异。而重玄之门，老子所游。谈玄者必上尊老子。故桓谭谓老氏其心玄远与道合。冯衍"抗玄妙之常操"，而"大老聃之贵玄"。傅毅言"游心于玄妙，清思于黄老"（《七激》）。仲长统"安神闺房，思老氏之玄虚"。则贵玄言，宗老氏，魏晋之时虽称极盛，而于东汉亦已见其端矣。

然谈玄者，东汉之与魏晋，固有根本之不同。桓谭曰："扬雄作玄书，以为玄者天也，道也。言圣贤著法作事，皆引天道以为本统。而因附属万类王政人事法度。"亦此所谓天道，虽颇排斥神仙图谶之说，而仍不免本天人感应之义，由物象之盛衰，明人事之隆污。稽察自然之理，符之于政事法度。其所游心，未超于象数。其所研求，常在乎吉凶（扬雄《太玄赋》曰："观大易之损益兮，览老氏之倚伏。"张衡因"吉凶倚伏，幽微难明，乃作《思玄赋》"）。魏晋之玄学则不然。已不复拘拘于宇宙运行之外用，进而论天地万物之本体。汉代寓天道于物理。魏晋黜天道而究本体，以寡御众，而归于玄极（王弼《易略例·明象章》）；忘象得意，而游于物外（《易略例·明象章》）。于是脱离汉代宇宙之论（Cosmology or Cosmogony）而流连于存存本本之真（ontology or theory of being）。汉代之又一谈玄者曰："玄者，无形之类，自然之根。作于太始，莫之与先。"（张衡《玄图》）此则其所谓玄，不过依时间言，万物始于精妙幽深之状，太初太素之阶。其所探究不过谈宇宙之构造，推万物之孕成。及至魏晋乃常能弃物理之寻求，进而为本体之体会。舍物象，超时空，而研究天地万物之真际。以万有为末，以虚无为本。夫虚无者，非物也。非无形之元气，在太始之时，而莫之与先也。本无末有，非谓此物与彼物，亦非前形与后形。命万有之本体曰虚无，则无物而非虚无，亦即物未有时而非虚无也。汉代偏重天地运行之物理（按扬雄、张衡之玄亦有不同，兹不详析），魏晋贵谈有无之玄致。二者虽均尝托始于老子，然前者常不免依物象数理之消息盈虚，言天道，合人事；后者建言大道之玄远无朕，而不执着于实物，凡阴阳五行以及象数之谈，遂均废置不用。因乃进于纯玄学之讨论。汉代思想与魏晋清言之别，要在斯矣。

玄学兴起之原因，兹姑不详论。但道家老庄与佛家般若均为汉晋间谈玄者之依据。其中心问题，在辨本末有无之理。然名流竞起，新义迭出。其所据尝有殊，其着眼亦各别。嵇康《卜疑》曰："宁如老聃之清净微妙，守玄抱一乎。将如庄周之齐物变化，洞达而放逸乎。"是则当时虽雅尚老庄，然其通释，固不必相同。谈老谈庄亦可各异。至于佛家般若性空，虽风行当代。而毗昙言有，亦复东来。童寿沙门与觉贤禅师，空义互殊，竟构仇怨（《高僧传·佛陀跋多罗传》）。而在什公前后，般若称六家七宗，或谓有十二家。则西国所传既不相同，中土立说亦各自异。详研魏晋僧俗之著述，其最重要之派别有四。兹分述之于下。

一

其一，为王辅嗣之学，释氏则有所谓本元义。其最要著作为《老子王注》。其形上之学在以无为体。其人生之学以反本为鹄。《晋书·王衍传》曰："何晏、王弼立论，天地万物皆以无为本。"盖王、何深识宗极之贞一，至道之纯静。其着眼在贞一纯全之本体。万象纷陈，制之者一。品物咸运，主之者静。《周易》王注曰：

> 凡动息则静，静非对动者也。语息则默，默非对语者也。然则天地虽大，富有万物，雷动风行，运化万变，寂然至无，是其本矣。

万有群变以无为本。是则万有归于一本。群变原即寂无。未有非于本无之外，另有实在，与之对立。故虽万物之富，变化之烈，未有不以无为本也。此无对之本体（Substance），号曰无，而非谓有无之无。因其为道之全，故超乎言象，无名无形。圆方由之得形，而此无形。白黑由此得名，而此无名（参看《列子·天瑞篇》注引何晏《道论》）。万有群生由之以成，而非器形之所谓生。形器之生，如此生彼，昭然二物。而宇宙之本，虽开物成务，然万物未尝对本而各有实体。《老子》三十九章，王注曰：

> 物皆各得此一以成。既成，而舍以居成。居成，则失其母。

无对贞一之本体，为物之本原。即谓万有群生，皆各不离此本而别为实有。惟人若昧于所以成，而自居于其成。一犯人之形，而曰人也，人也。则失其本，丧其母，永堕于有为之域，宥于有穷之量。夫自居于有穷之量者，未能全其用也。"执一家之量者，不能全家。执一国之量者，不能成国。"（《老子》四章王注）故人必法天法道，冲而用之。冲而用之，乃本体全体之用。不自居于成，不自宥于量，舍有穷之域，反乎天理之本。故反本者，即以无为体。以无为体，则能以无为用（即冲而用之）。以无为用，则无穷而无不载矣（《老子》三十八章注，《周易》复卦注）。

由上所言，王氏形上之学在以无为本，人生之学所反本为鹄。西晋释氏所谓本无宗者，义当相似，而不免失之太偏。本无宗人，有释道安、竺道潜、竺法汰。道安弟子慧远，法汰弟子道生之学亦可谓为其枝叶。（道生象外之谈，并重反本，与王弼同，兹不赘。但生公之学精深，非其前辈所及。）安、潜、汰等之著作少存，难详其异同。"本无"者乃"真如"之古译。佛家因以之名本体。道安解曰："无在元化之先，空为众形之始，故称本无。非谓虚豁之中，能生万有也。"（《名僧传抄》）本无者，非谓虚豁而指诸法之本性，无名无形之本体。本体本性，绝言超象，而为言象之所资。言象之域，属于因缘。本性空寂，故称本无（道安之学，早晚不同，理论甚杂，其立说颇存汉人思想之余习，兹不详叙）。故道安高足慧远法师释本无义曰："因缘之所有者，本无之所无。本无之所无者，谓之本无。本无之与法性，同实而异名也。"（慧达《肇论疏》）然则本无义者，以真如法性为本无，因缘所生为末有。且古德尝视外书之"本末"即内典之"真俗"。故以安公本无为真谛，末有为俗谛（慧达疏）。又安曰："世俗者可道之道。无为（真谛）者，常道。"（语见《合放光光赞略解序》。此盖晋代所谓之格义。格义乃以经中事数拟配外书。）则安公之根本义，仍自取证于《老子》。按王辅嗣之学，固以其《老子注》为骨干。而万有以无为本，又道安等与之有同信。则释氏之本无宗者，实可谓与王氏同流也。惟稽考古籍，本无宗未免过于着眼在实相之崇高，而本末遂形对立。故僧肇曰："本无者，情尚于无多，触言以宾无。"此讥其崇无之太偏也。又评之曰："此直好无之谈，岂谓顺通事实，即物之情哉？"此斥其画本末为两截，因而蹈空也。又南齐周颙作《三宗论》，其第二宗"空假名"，虽称为于道邃缘会之说，但亦犯此病。讥之者遂名之为案苿义。盖体用对立，则空中无有，有中无空。如苿沉举体并没，苿浮举体并出，出时无没，没时无出也。又周氏谓老子属于空假名宗。盖空假名宗执著无相之体为真，而空假名。无相独真，假名纯空。独真与纯空，自不能相容，而分有无为二截。周颙以为老子仅能有知其有，无知其无。有无不相即，故属于此宗。又此宗既贵无太过，而离有。因之于有之外，别立无之宗义。周氏言虚无之学"有外张义"，故谓老子不出于此宗也。案《老子》本义如何，自为另一问题。但两晋南朝之解老者，疑多有此弊。故周颙只许老子属于第二宗也。

二

其二，为向秀、郭象之学，在释氏则有支道林之即色义。其主要著作为向、郭之《庄子注》。其形上之学主独化，其人生之学主安分。独化者，物各自然，无使之然也。世称罔两（郭注景[①]外之微阴也）待景，景待形，形待造物。而郭象则曰：罔两非景之所制，而景非形之所使，形非无（造物）之所化。故造物者无物，而有物各自造。知有物之自造而无所待，则罔两之因景，有景必有形，皆自然而并生，俱出而俱没，岂有相资前后之差哉？万物均不为而自尔，各无待于外而同得，乃天地之正也（参看《齐物论》郭注）。盖王弼贵无，向、郭则可谓为崇有，崇有者则主物之自生、自然（见裴頠（顗）《崇有论》）。夫物自然而然，而不知其所以然。突然自生，而无所使之生。则万物无体，无所从生。古来号万物所从生为天，为道，为无。然向秀曰："天也者万物之总名也。"（《弘明集》罗含《更生论》）郭象曰："夫天籁者，岂复别有一物哉？即众窍比竹之属，接乎有生之类，会而共成一天耳。"（《齐物论》注）然则非生物者乃为天，而物自生耳。道者亦非别有一物也。牛之理即在筋骨。宰牛之道，直寄于技。故道可谓无所不在，而所在皆无。因曰道无能而至无。言万物得于道者，亦以明其自得耳（参看《养生主》注及《知北游》"有先天地生者"段注）。至于无，即无有也。依独化之义，有且不能生有，而况无乃能生有哉？庄、老之所以屡称无者，正在明生物者无物，而自生耳（参看《在宥篇》注）。

[①] "景"同"影"，本段下同。——校者

王弼与向、郭均深感体用两截之不可通。故王谓万物本于无，而非对立。向、郭主万物之自生，而无别体。王既着眼在本体，故恒谈宇宙之贞一。向、郭既着眼在自生，故多明万物之互殊。二方立意相同，而推论则大异。又王弼既深见于本末之不离，故以为物象虽纷纭，运化虽万变，然寂然至无，乃为其本。万殊即归于一本，则反本抱一者，可见天地之心，复其性命之真。向、郭亦深有见于体用之不二，故言群品独化自生，而无有使之生。万物无体，并生而同得。因是若物能各当其分，各任其性，全其内而无待于外，则物之大小虽殊，其逍遥一也（参看《逍遥游》注）。王言反本抱一，故必得体之全，则物无不理。若安于有限，居于小成，则虽"穷力举重，亦不能为用"（《老子》四章注）。向、郭主安分自得，故物各以得性为至，自尽为极。若全马之性，"任其至分，而无铢毫之加"（《养生主》注），则驽马亦可足迹接乎八荒之表（参看《马蹄篇》注）。驽马之与良骥，得其性则俱济也。又王之所谓自然与向、郭义亦颇有不同。自然一语本有多义。王主万象之本体贞一。故天地之运行虽繁，而有宗统。"物无妄然，必由其理。故繁而不乱，众而不惑。"（《易略例·明象》）故自然者，乃无妄然也。至若向、郭则重万物之性分。物各有性，性各有极。物皆各有其宗极，而无使者。故自然者即自尔也，亦即块然、掘然、突然也。由王之义，则自然也者并不与佛家因果相违。故魏、晋佛徒尝以二者并谈，如释慧远之《明报应论》是矣。由向、郭义，则自然与因果相悖。故反佛者亦尝执自然以破因果，如范缜之《神灭论》是矣。自然与因果问题，为佛教与世学最重要争论之一。其源盖系于立义之不同，其大宗约如上之二说。亦出于王与向、郭形上学说之不同也。

支道林以通庄命家。其学疑亦深受向、郭之影响。孙绰作《道贤论》，以支遁比向子期，当有见而云然。《世说·文学篇》注引支公《妙观章》文曰：

> 夫色之性也，不自有色。色不自有，虽色而空。故曰"色即为空，色复异空"（般若经文）。

又慧达《肇论疏》引其《即色论》云：

> 吾以为"即色是空，非色灭，空"（维摩经文），此斯言至矣。何者？夫色之性，色不自色（三字依上段加），虽色而空，如知不自知，虽知恒寂也。

所谓色不自色者，即明色法无有自性。"不自"者，即无支持（support, or substantum）之谓。亦即谓其色虽有，而自性无有。然色即不自有，则虽有色，而是假有。假有者"虽色而非色"（《肇论》述即色义语），亦即是空。又空者古译为无。世人常以空无为本。支道林与向、郭同主万象纷纭，无本无体。夫色象既无体（即无自性），则非别有空。无体，故曰"色复异空"。非别有空，故曰"色即是空"。既主色无体，无自性，则非色象（appearance）灭坏之后，乃发见空无之本体（reality）。故曰"非色灭，空"也。僧肇《不真空论》述即色义曰：

> 夫言色者，但当色即色，岂待色色而后为色哉。（唐元康疏云，此文乃肇述支公语意，并非破即色之言。）

此谓色不待色色而后为色，即是谓色不待色色之自性。色虽假有，本性空无。当此假有之色即是色（故曰当色即色），非另有色色之自性也。《知北游》郭注有曰："明物物者无物，而物自物耳。"又曰："既明物物者无物，又明物之不能自物，则为之者谁哉，皆忽然而自尔耳。"支公所言，与此文义均同。其不同处，仅《庄子》注粗称曰万物，《即色论》析言曰形色耳（支公有知不自知等语，但疑仅为陪衬。论既名即色，则其所论，自只关于形色）。周颙《三宗论》之第一宗为"不空假名"，即支道林义：

不空假名者，但无性实，有假，世谛不可全无，为鼠喽栗。（《大乘玄论》卷一）

此谓法无自性，但有假名。世谛诸法虽有，而是假有。空自性，而不空假名。故如鼠喽栗，栗中肉尽，而外壳宛然犹存也。向、郭、支遁之义，盖至南朝尚为流行也。

至若《世说》载支公通《逍遥游》，卓然标新理于二家之表。似若支与向、郭立义悬殊，此则亦不尽然。盖向、郭谓万物大小虽差，而各安其性，则同为逍遥。然向、郭均言逍遥虽同，而分有待与无待。有待者必得其所待，然后逍遥。无待者则与物冥而循大变。不惟无待，而且能顺有待，而使其不失其所待（参看《世说》注引向、郭注，及《逍遥游》"乘天地之正"段郭注）。有待者，芸芸众生。无待者，圣人神人。有待者自足。无待者至足。支公新义，以为至足乃能逍遥。实就二家之说，去其有待而存其无待。郭注论逍遥，本有"至足者不亏"之言（至足本作至至，今从释文改）。支公曰"至人乘天正于高兴，游无穷于放浪",亦不过引申至足不亏之义耳。按佛经所示圣贤凡人区画井然。支公独许圣人以逍遥,盖因更重视凡圣之限也。

三

其三,为心无义。其四为不真空义。今按玄学者辨有无之学也。僧肇居东晋末叶,品评一代学术,总举三家,一心无,二即色,三本无。周颙在南齐之世,会合众师玄义,定为三宗,一不空假名,二空假名,三假名空。不空假名与即色实为一系。空假名与本无颇有相同。是则王弼本无之学,以及向、郭与即色之说,均源远流长,为魏晋南朝主要之学说也。假名空者,上接不真空义,乃僧肇之学,自在三家之外。至若心无,仅流行于晋代,故周颙"三宗"遂未言及也。

心无义虽不行南朝,然颇行于晋代,而为新颖可注意之学说。盖玄学家诠无释有,多偏于空形色,而不空心神。六家七宗,识含宗以三界为大梦,而神位登十地。幻化宗谓世谛诸法皆空,而心神犹真。缘会亦主色相灭坏。至若即色,则就色谈空。凡此"无义"虽殊,而均在色,故悉可称为"色无义"也。独有支愍度乃立"心无义",空心而不空色,与流行学相径庭,故甚可异也。《世说·假谲篇》注曰:

旧义者曰:"种智是有(原作有是),而能圆照。然则万累斯尽,谓之空无。常住不变,谓之妙有。"

无义者曰:"种智之体,豁如太虚。虚而能知,无而能应。居宗至极,其为无乎。"

旧义与无义之别，在一以心神为实有，一以心神为虚豁。晋末刘遗民者，亦心无义家。其致僧肇书中有曰：

圣心冥寂，理极同无，不疾而疾，不徐而徐。

此即心无义也。肇答书有曰：

闻圣有知，谓之有心。闻圣无知，谓等太虚。

前者乃旧义，后者即心无义。（按，《高僧传》载道恒执心无义，慧远与论难反复。恒神色微动，未即有答。远曰："不疾而速，抒柚何为？"不疾而速，疑亦道恒所引用，与刘遗民同。而远公则更就恒所引用之言，以讥其踌躇。谢朓《酬德赋》"意搔搔以抒柚，魂营营以驰骛"。抒柚谓徘徊也。）又心无义之特点，不仅在空心，而亦在不空形色。心无各师，其心无之解释疑不全相同。而其空心不空色，则诸人所同。故肇公述曰："心无者，无心于万物，而万物未尝无也。"

心无义颇风行南方。道恒在荆州，竺法汰大集名僧，与之辩难二日。其学为时所重视可知。《世说》载愍度与一伧道人谋救饥，而立此义。其事未必实。但由此可见心无义为骇俗之论，而颇流传一时。盖自汉以来，佛家夙主住寿成道。神明不灭，经修炼以至成佛。若心神空无，则成佛无据。即精于玄理之僧俗，于心神虚豁之义，亦所未敢言。及至罗什东来，译中百二论，识神性空之义始大明（参看《祐录》僧叡《维摩序》）。故肇评心无义曰："此得在于神静，而失在于物虚。"许其神静为得，亦可见此义不全为什公门人所鄙弃也。

四

其四，为僧肇之不真空义。夫玄学者，乃本体之学，为本末有无之辨。有无之辨，群义互殊。学如崇有，则沉沦于耳目声色之万象，而所明者常在有物之流动。学如贵无，则流连于玄冥超绝之境，而所见者偏于本真之静一。于是一多殊途，动静分说，于真各有所见，而未尝见于全真。故僧肇论学，以为宜契神于有无之间，游心于动静之极，不谈真而逆俗，不顺俗而违真，知体用之一如，动静之不二，则能穷神知化，而见全牛矣。

《不真空论》曰："夫至虚无生者，般若玄鉴之妙趣，有物之宗极者也。"般若说空（至虚无生）在扫除封惑，以显示有物之宗极。原夫宗极之至虚无生者，谓"万物之自虚"。虚者无相，实相本为无相，非言象之所可得，故物非有。自虚者不假虚而虚物，不外体而有用，故物非无。夫宗极无相，则不可计度而谓有实物。既无实物，即不可物物。故论曰："如此则非无物也。物非真物。物非物，故于何而可物。"既非无物（无物则非至虚无生，而为顽空），故曰非无。物非可物（可物则堕于名象），故曰非有。至极之体，体用一如，真俗不乖，空有不外。俗不乖真，故物非有。空不外有，故物非无。非有曰空，非无而假（不真）。空故不真，空假相即。故非有非无，即所以显示真际之即伪即真，即体即用也。

然世之论者，未了体用之一如，实相之无相，而分割有无，于实相上着相。于是有也，无也，均执为实物，而不能即万物之自虚。故心无论曰，无者心无，而万物实有。万象咸运，岂可谓无。无者盖心如太虚，无累而能应。故必涤除万物，杜塞视听，寂寥虚豁，而后为真谛。是乃不知圣人"即万物之自虚，故物不能累其神明也"。本无论者，贵尚于无（本体substance），而离于有。无义竞张，均在"有"外。于是无为实物，与有对立。故妄解般若经曰，非有者，无此有，非无者，无彼无。既执实物，乃分彼此。分别彼此，即堕入言象。然真谛独静于名象之外，岂曰文言之所能辨者欤。又既贵无而离有，则万有落空而独在。于是无既为真，有则纯伪。真者实有，伪者实幻。而不知佛典所言之"幻"谓如幻，而非谓实无。谓假号不真，而非谓无有。如此则非无物也，物非真物也。故曰："譬如幻化人，非无幻化人，幻化人非真人也。"即色论者，偏于崇有，而不知言象所得之非有。故言色未尝无，而无者色色之自性。自性实无，色相实有。陈义虽与本无论相背，而其分割有无则相符。执着有无，"宰割以求通"，乃堕入名象之域。夫有也，无也，心之影响也。言也，象也，影响之所攀缘也（肇公《寄刘遗民书》语）。执着有无，则仅沉溺于影响，因乃分别言象，以为攀缘。由此而言象之物，实有而非不真。夫言象之物既为真有，则般若经何能谓至虚无生为有物之宗极哉！因不知至虚无生非有物之宗极，故向、郭注《庄》，言至无即实无，而万物实有。是不知万物名言所得，假号不真。夫"物无当名之实，名无得物之功。……名不当实，实不当名。名实无当，万物安在"。既万物安在，则所谓众窍比竹之属，接于有生之类会者，固亦未尝为实有也（故僧肇评即色论"未领色之非色"）。肇公继承魏晋玄谈极盛之后，契神于有无之间，对于本无论之著无，而示以万法非无。对于向、郭、支遁之著有，而诏之以万法非有。深识诸法非有非无，乃顺第一真谛，而游于中道矣。

总上所陈,王弼注《老》而阐贵无之学。向、郭释《庄》而有崇有之论。皆就中华固有学术而加以发明,故影响甚广。释子立义,亦颇挹其流风。及至僧肇解空第一。虽颇具谈玄者之趣味,而其鄙薄老、庄(见《高僧传》),服膺佛乘,亦几突破玄学之藩篱矣。周彦伦《三宗论》假名空宗,谓上承肇公之学。周之言曰:"世学未出于前二宗,而第三宗假名空则为佛之正说,非群情所及。"斯盖有所见而云然也。

(原刊于1940年《国立北京大学四十周年纪念论文集》)

王弼大衍义略释

西晋何劭作《王弼传》，见于《魏志·钟会传》裴注（当有节删）。《世说·文学篇》注引有弼别传，文虽小异，惟当即劭作（《艺文类聚》七十四亦引数语）。今日所知辅嗣事迹几尽在《传》中。而何敬祖盖生于魏文帝世（何与晋武帝同年，当生于青龙中），虽未必曾见弼，然于正始玄风，应所熟识。然则此《传》所记玄理必当时认为辅嗣学之特点。因此欲窥见王学之精义，不可不先于何劭所载求其明解也。

何《传》所记玄理有三事最可注意：（一）大衍义，（二）答裴徽语，（三）圣人有情说。后二项余拟另为文释之。兹姑试释其大衍义。

汉末玄风渐起，其思想蜕变之迹，当求之于二事：一为名学，一为易学。名学偏于人事，为东汉清议演为清谈之关键，余已别为文论之（《读人物志》）。易学关于天道，辅之以《太玄》，在汉末最为流行。马、郑而外，荆州宋衷，江东虞翻，北方荀爽，各不相同。今日欲知汉代宇宙学说如何演为魏晋玄学之本体论者，须先明汉魏间易学之变迁。汉代旧《易》偏于象数，率以阴阳为家。魏晋新《易》渐趋纯理，遂常以《老》《庄》解《易》。

新旧《易》学，思不相参，遂常有争论。管辂自以为久精阴阳，而鄙何晏之谈《易》。其言有曰："若欲差次老庄而参爻象，爰微辩而兴浮藻，可谓射侯之巧非能破秋毫之妙也。"（《魏志》本传注引辂别传）此新旧《易》学冲突例之一也。何劭《王弼传》云："太原王济好谈，病老、庄，尝云见弼《易注》，所误者多。"（误通常作悟，但王应麟《郑氏易序》引陆澄《与王俭书》作误。检《南齐书》三十九卷《陆澄传》则作悟，但玩陆王二书语气，悟必为误之讹。）王济即浑之次子，史载其善清言著有《易义》，而未闻其病老、庄，但何劭与济"相得甚欢"（见《文选》傅咸《赠何劭王济诗序》），所言必不误，则济毋亦嫌弼以老庄解《易》"背爻象而任心胸"（管辂语）为新旧《易》学冲突之又一例耶。

何《传》又云："弼注《易》，颍川人荀融难弼大衍义，弼答其意。"按《魏志·荀彧传》注称融与王弼、钟会齐名，与弼、会论《老》《易》义传于世。融之学不知果如何。但融之叔祖爽有《易》注。其叔悦谓爽书据爻象承应阴阳变化之义。而虞翻谓谞（爽一名谞）之注有愈俗儒。清人类言虞氏主消息，荀氏主升降，均汉《易》也。融之叔父顗与诸兄并崇儒术，不似弟粲之好道家言（《魏志》注何劭《荀粲传》）。钟会言《易》无互体，王弼作《易略例》亦讥互体。而顗尝以难钟会易无互体见称于世（《魏志》注引《晋阳秋》），则顗固亦与弼殊义也。融之从子崧，东晋初请置郑《易》博士（《宋书·礼志》），则亦重旧《易》者。按魏晋恒家世其学，荀氏治《易》者如爽，如顗，如崧，均主旧学。然则荀融之《易》，恐亦本之汉儒，其于王弼新创之玄言加以非议，似为新旧学冲突之又一例欤。

王弼注《易》摈落象数而专敷玄旨。其推陈出新，最可于其大衍义见之。《易·大传》大衍之数五十，其用四十有九，又曰天数二十有五，地数三十，凡天地之数五十有五。此中难解之处有二：（一）为天地之数与大衍之数之关系。五十与五十五何以参差，此则汉儒或以五行释之（郑玄），或以卦爻释之（荀爽）。王弼于此如何解释，兹不详知，姑可不论。（二）大衍之数何以其一不用。王弼之说韩康伯注曾引之，此必即荀融所难之大衍义。立论极精，扫除象数之支离，而对于后世之易学并有至深之影响，诚中华思想史上之一大事因缘也。

欲知辅嗣大衍义之为创见，当先略明汉儒之解释。

（一）《周易》郑注（张惠言订本）曰：

> 天地之数五十有五，以五行气通，凡五行减五，大衍又减一，故四十九也。衍，演也。天一生水于北，地二生火于南，天三生木于东，地四生金于西，天五生土于中。阳无耦，阴无配，未得相成。地六成水于北，与天一并，天七成火于南，与地二并，地八成木于东，与天三并，天九成金于西，与地四并，地十成土于中，与天五并也。大衍之数五十有五，五行各气并，气并而减五，惟有五十（上言天地之数所以减五）。以五十之数不可以为七八九六卜筮之占以用之，故更减其一，故四十有九也（此释其一不用）。

此依筮法以解其一不用（参看郑氏《易说》卷七、《易图明辨》卷一）。

（二）《周易正义》引荀爽曰：

卦各有六爻，六八四十八加乾坤二用，凡有五十，乾初九潜龙勿用，故用四十九也。

又引姚信、董遇曰：

天地之数五十有五者其六以象六画之数，故减之而用四十九。

此均依卦爻解其一不同。

（三）上述二说，与王弼学说虽迥然不同，但因其殊不相关，故不详论。然汉代最盛行之学说，则为三统历、纬书，京房、马融、虞翻等所用，均根据汉代之宇宙论，如取与王弼之玄理比较，极可表现学术变迁前后之不同。孔疏引京房曰：

五十者谓十日，十二辰，二十八宿也，凡五十。

《易乾凿度》曰：

五音六律七变，由此作焉。故大衍之数五十，所以成变化而行鬼神也。日十干者五音也，辰十二者六律也，星二十八者七宿也。凡五十，所以大阆物而出之者也。

京君明之解五十盖出于纬书。孔疏又引京曰：

其一不用者，天之生气，将欲以虚来实，故用四十九焉。

按《乾凿度》郑注曰：

> 故星经曰，天一太乙主气之神。

孔疏所引京书生气当为主气之误（天之生气疑本作天一主气或太乙主气）。

按郑注谓太乙亦即北辰之神名。然则主气亦即北辰也。以北辰解不用之一，正为马融之说，孔疏引马曰：

> 易有太极，谓北辰也。太极生两仪，两仪生日月，日月生四时，四时生五行，五行生十二月，十二月生二十四气。北辰居中不动，其余四十九，转运而用也。

马季长解五十之数虽不同，但于解"一"仍似京房。京房、马融之说虽有相似，但其所据之观点则不同。京氏盖依宇宙构成言之。《乾凿度》云：

> 孔子曰易始于太极。

郑注曰：

> 气象未分之时，天地之所始也。

刘歆《钟历书》云太极元气，函三为一。三者或谓天地人（孟康），或谓太初太始太素（钱大昕说，依此则太极即太易浑沦）。但"一"必即所谓主气（即太极太易，亦即太一北辰），气象未分之浑沦是。而阴阳未分之道，亦名太一（《吕氏春秋·大乐篇》）。因此三统历云：

> 以五乘十，大衍之数也而道据其一，其余四十九所当用也。

太极元气，阴阳未分之道，为万物所从生。故京房曰，天之主气欲以虚来实，盖即《乾凿度》所谓之有形（实）生于无形（虚）也。李鼎祚《周易集解》引虞翻曰："太极者，太乙也，分为天地，故生两仪也。"亦与京君明之说，原理相同。

马融之说盖依宇宙运动言之。马融《尚书》注上帝太一神，在紫微宫（释文）。郑玄《论语》注，北辰居中不移，而众星共之（《集解》）。太一即北辰，即指北极星。天体运行，而北辰不动，故马谓"北辰居中不动，其余四十九转运而用"。又《续汉·天文志》注引《星经》曰璇玑谓北极。王弼《易略例》云："处璇玑以观大运"，盖亦引北辰居中不动之说也。

王弼虽知汉代宇宙学说，但其解《易》则扫旧说，专阐玄理。玄学与汉学差别甚大。简言之，玄学盖为本体论而汉学则为宇宙论或宇宙构成论。玄学主体用一如，用者依真体而起，故体外无用。体者非于用后别为一物，故亦可言用外无体。汉学主万物依元气而始生。元气永存而执为实物。自宇宙构成言之，万物未形之前，元气已存。万物全毁之后，元气不灭。如此，则似万有之外、之后别有实体。如依此而言体用，则体用分为二截。汉儒如京房等之太极太一，本指天地未分之浑沦（即马融之北辰星，固亦本诸元气说，《御览》天部引杨泉《物理论》："星者，元气之英。"）浑沦固无形无名，似玄学家所谈之体，然此则体其所体，非玄学之所谓体也。《老子》云有生于无，语亦为汉儒所常用。但玄理之所谓生，乃体用关系，而非谓此物生彼（如母生子等），此则生其所生，亦非汉学所了解之生也。汉学元气化生，固有无物而有气之时（元气在时空以内）。玄学即体即用，实不可谓无用而有空洞之体也（体超时空）。

王弼以为天地万物皆以无为本。本者宗极（魏晋人用宗极二字常相当于宋儒之本体），即其大衍义中所谓之太极（一作大极）。太极无体（邢昺《正义》引《论语释疑》），而万物由之以始以成。太极无分（亦谓无名，有名则有分），而万物则皆指事造形。无体者谓其非一物（非如有形体之物）。物皆有系有待。非物则无所系无所待。宗极冥漠，无所不穷（即万物之体故），而不随于所适（其体独立故，见《老子》二十五章注）。万物有分，于冥漠之宗极而设施形名。于是指事造形宛然如有。然用者依体而起，体外固无用。万有由无而始成，离无亦不别有群有。然则万形似多而以一为其真，万象各偏而舍全则未获具存（多一偏全诸辞均无数量之意）。夫有生于无，万物由无而有。王弼曰："本其所由与极同体。"（《老子》六章注。《列子》注引此作"与太极同体"）盖万有非独立之存生，依于无而乃存在。宗极既非于万物之后，之外而别有实体，故曰与极同体也。

贞一之宗极又名曰道。所以名之曰道者，盖言其依理以长育亭毒万物。依理者即谓顺自然，所谓"物无妄然，必由其理"（《易略例》）也。万物各有其所本之理，故各有其性。"物皆不敢妄，然后乃各全其性。"（《易》无妄卦王注）宇宙之全体盖为一大秩序。秩序者谓万理之全。万物之生各由其理，故王弼曰："道者，无不通也，无不由也。"（邢昺《正义》引《论语释疑》）通者，由者，谓万物在秩序中各得其分位。得其分位则谓之德，此分位自道言之名之曰理（天），自德言之则名为性（人）（何晏作《道德论》，又称王弼"可与谈天人之际"，均指此）。宇宙全体之秩序（道）为有分有名之万形之所从出，而其自身（道）则超乎形名之上。万有群生虽千变万化，固未始不由于道。道虽长育亭毒，而其自身则超于变化，盖宇宙之全如有形名，则为万物中之一物。如有变化，则失其所谓全。玄学之所以常以"无"以"静"况称本体者盖因此欤。

虽然，体用不可划为二截，有之于无，动之于静，固非对立者也。故《易》复卦王弼注曰：

> 复者反本之谓也。天地以本为心者也。凡动息则静，静非对动者也。语息则默，默非对语者也。然则天地虽大，富有万物，雷动风行，运化万变，寂然至无，是其本矣，故动息地中，乃天地之心见也。若其以有为心，则异类未获具存矣。

天地之心即天地之体，称心者谓其至健而用形者也。以其至健而总统万形（乾卦注），又不失大和同乎大顺，则永保无疆（看坤卦"应地无疆"注）。万象纷纭，运化无方，莫不依天地之心，而各以成形，莫不顺乎秩序而各正性命。万有由本体而得存在，而得其性（故不能以有为心）。而本体则超越形象笼罩变化（故本体寂然至无）。总之，宇宙全体为至健之秩序。万物在其中各有分位各正性命。自万有分位言之，则指事造形，宛然各别。自全体秩序言之，则离此秩序更无余物，犹之乎波涛万变而固即海水也。（此类譬喻不可拘泥，因水为一物而本体则非物也。《老子》八章"水几于道"，王注曰："道无水有，故曰几也。"

此言深可玩味。)

王弼体用一如之说,世人多引上述复卦注以阐明其义。然实则其于释大衍,言之固亦甚明晰。韩康伯引弼文曰:

> 演天地之数所赖者五十也。其用四十有九,则其一不用也。不用而用以之通,非数而数以之成,斯易之太极也(一作大极)。四十有九,数之极也,夫无不可以无明,必因于有,故常于有物之极,而必明其所由之宗也。

不用之一,斯即太极。夫太极者非于万物之外,之后别有实体,而实即蕴摄万理孕育万物者耳。故太极者(不用之一)固即有物之极(四十有九)耳。吾人岂可于有物(四十有九)之外,别觅本体(一)。实则有物依体以起,而各得性分。如自其性分观之则宛然实有,而依得性分之所由观之,则了然其固为全体之一部而非真实之存在。故如弃体言用而执波涛为实物,则昧于海水。而即用显体,世人了悟大海之汪洋,本即因波涛之壮阔。是以苟若知波涛所由兴,则取一勺之水,亦可以窥见大海也。

据此则末有之极,即本无即太极也;"四十有九"亦即"不用之一"也。不过四十有九为数,而一则非数也。夫数所以数物,万形万用,固均具有名数。但太极为万用之体而非一物,故超绝象数,而"一"本非数。故曰:"不用而用以之通,非数而数以之成。"万物本其所以通,本其所以成,固与太极同体(即谓体用一如),而非各为独立实体也。夫汉儒固常用太极解"不用之一"矣,然其"一"与"四十九"固同为数。"一"或指元气之浑沦,或指不动之极星,"四十有九"则谓十二辰或日月等等，"一"与"四十九"分为二截，绝无体用相即之意。按阮籍《通老论》谓道者"《易》谓之太极，《春秋》谓之元，《老子》谓之道"(《御览》二)。其说似亦与王弼相同，然阮氏以万有变化为一气之盛衰，以人身为阴阳之精气。《达庄论》则仍主元气说（嵇康亦然。又按以太极、元、道三者并论，本汉人思想，见《汉书·律历志》)。实未脱离汉儒之通义。其扫尽宇宙构成之旧说，而纯用体用一如之新论者，固不得不首称王弼也。

又按《晋书》卷六十八载纪瞻与顾荣在赴洛途中，论《易》太极。荣言略曰：

> 太极者盖谓混沌之时蒙昧未分（此仍汉儒旧说）……老子云"有物混成，先天地生"，诚《易》之太极也，而王氏云太极天地（此应即王弼文，或出大衍义中），愚谓未当。夫两仪之谓，以体为称则是天地，以气为名则名阴阳。今若谓太极为天地，则是天地自生，无生天地者也。

顾荣出南土世家，伏膺旧学，推元气之本以释太极，遂谓天地生于太极，而太极非即天地。此则全是《周易·乾凿度》也。查王弼书中天地二字用法有二。一就体言，如《老子》七十七章注"与天地合德"，天地则直为本体之别名，因此则太极直为天地矣。一就用言，则为实物，如复卦注曰，天地虽大，而寂然至无为本。夫寂然至无之体并非一实物（非如元气）。而其天地之用亦非离体而独立存在（非如汉人所谓之两仪）。如是则天地之与太极中间具体用之关系，即体即用，则天地即太极也。太极之与天地为体用之关系，而非实物之由此生彼也，因非有时间先后之关系，故王弼释"先天地生"为"不知其谁之子"。不知其谁之子者，谓寂然至无为天地万物之本之极也，并非谓先有混沌之太极，后乃分而为天地，如汉儒所论，顾荣所述也。（参看《老子》四章王注。辅嗣谈体用，未尝就时间说。如第一章注虽用先字，但均只为逻辑之先后而非为时间之先后。）王弼太极新解为汉魏间思想革命之中心观念，顾氏依旧学评判，宜其不为他所了悟（纪瞻虽驳顾说，但亦不得王旨，文繁不俱引）。准由此观之，则荀融难弼大衍义，其争点所在亦可以推知矣。

（原刊于《清华学报》1942年第13卷第2期）

王弼圣人有情义释

何劭《王弼传》云:

  何晏以为圣人无喜怒哀乐,其论甚精,钟会等述之,弼与不同,以为:"圣人茂于人者神明也,同于人者五情也。神明茂,故能体冲和以通无;五情同,故不能无哀乐以应物。然则圣人之情,应物而无累于物者也。今以其无累,便谓不复应物,失之多矣。"
  弼注易,颍川人荀融难弼大衍义,弼答其意,白书以戏之曰夫明足以寻极幽微,而不能去自然之性。颜子之量,孔父之所预在,然遇之不能无乐,丧之不能无哀。又常狭斯人,以为未能以情从理者也,而今乃知自然之不可革。是足下之量,虽已定乎胸臆之内,然而隔逾旬朔,何其相思之多乎。故知尼父之于颜子,可以无大过矣。

上文所载辅嗣之言,第一段自出于驳何晏学说之文(此简称文),其所论当为正始名士清谈要目之一。其第二段致荀融书(此简称书),亦论及同一问题,立意亦相同,然书中自比孔父,实涉游戏。王氏论圣人有情，自以文为据，而其含义亦更重要。按诸此文，当时论者，显分二派，二方均言圣人无累于物，但何、钟等以为圣人无情，王弼以为圣人有情，并谓有情与无情之别则在应物与不应物。魏晋古籍佚者多而存者少，王弼之论只留片羽，何、钟所作又不可见，兹仅能综合汉魏间学说推寻而得其意，分别陈述于下。

第一，圣人无情乃汉魏间流行学说应有之结论，而为当时名士之通说（故王弼之说实为立异），圣人无情之说，盖出于圣德法天。此所谓天乃谓自然，而非有意志之天。夫天何言哉，圣人为人伦之至，自则天之德，圣人得时在位，则与寒暑同其变化，而未尝有心于宽猛，与四时同其推移，而未有心于喜怒。不言而民信，不怒而民威。圣人不在其位，固亦用之则行，舍之则止，与时消息，亦无哀怨。夫自汉初重黄老以来，学人中固颇有主张顺乎自然者。而汉学之中心主义所谓天人感应，亦言圣人则天之德，不过汉人之天道，究不离于有意志之天道，而未专以自然解释。故汉代虽有顺自然与法天道之说，而圣人无情一义仍未见流行。及至汉魏之间，名家渐行，老、庄渐兴（名学以形名相检为宗，而归于无形无名之天道。老、庄以虚无无为本，行化则法乎自然），当时之显学均重自然天道。而有意志之天道观，则经桓谭、王充之斥破而渐失其势。（因此当时名士如何平叔、钟士季等受当世学说之濡染而推究性情之理，自得圣人无情之结论也。）

夫内圣外王，则天行化，用舍行藏，顺乎自然，赏罚生杀，付之天理。与天地合德，与治道同体，其动止直天道之自然流行，而无休戚喜怒于其中，故圣人与自然为一，则纯理任性而无情。圣人以降，则性外有情，下焉者则纵情而不顺理，上焉者亦只

能以情为理,而未尝无情,《论语》颜子"不迁怒",《集解》曰:

> 凡人任情,喜怒违理。颜渊任道,怒不过分。迁者移也。怒当其理,不移易也。

按《集解》中文凡未注姓名,皆何晏之说(皇疏一),此段当亦平叔之言。汉代以还,于古圣贤均有公认之定评。颜不及圣,只可谓贤,平叔此言,乃论贤人(或亚圣)。过去有人引上段,以释何氏之圣人无情,实忘颜子之非圣也。推平叔之意,圣人纯乎天道,未尝有情,贤人以情当理,而未尝无情。至若众庶固亦有情,然违理而任情,为喜怒所役使而不能自拔也。

第二,由上所论,圣人象天本汉代之旧义,纯以自然释天则汉魏间益形著明之新义,合此二义而推得圣人无情之说。此说既为当世显学应有之结论,故名士多述之。何劭《传》云:"何晏主圣人无情,钟会等述之,弼与不同。"盖弼深思入微,立论精密,圣人无情本当世显达者之宗义,圣人法天,自然行化,亦弼所曾言,而其立论独异者,则必别有所见而云然。兹先解释弼义,而后推求其立义之所由。

王弼曰:"圣人茂于人者神明也;同于人者五情也。"按辅嗣之学为本体之学,而往往以政事为例证。其本体之学深有会于老子,而其政论则深受当世名家之影响。名理之学主知人善任以致太平。知人极难,常人每有偏失,圣者乃可全知。盖圣王明哲之极,平章百姓各尽其能,"能者与之,资者取之。能大则大,资贵则贵,物有其宗,事有其主"(《老子》四十九章注),而天下太平。王弼与荀融书曰:

> 夫明足以寻极幽微，而不能去自然之性，颜子之量，孔父之所预在，然遇之不能无乐，丧之不能无哀。

此所树义与驳圣人无情之文相同。文云"圣人茂于人者神明"，书曰"明足以寻极幽微"。文云"同于人者五情"，书曰"不能去自然之性"（性字本可统性情言之，此处性字即指情）。不过与荀融之书专就知人言之。贤愚寿夭，本由天赋，天道幽微，圣明乃可玄鉴。然圣人虽茂于神明，而五情亦禀之自然。故颜子贤愚之量，因孔圣之所熟知，而遇之则乐，丧之则哀，固仍不能无情也。王弼曰："圣人茂于人者神明也。"又曰："神明茂故能体冲和以通无。"此文盖由本体论言之，辅嗣之言本体盖为至健而顺理之全。全者无分而不变，万物由之以始以成。因其无分而不变，号之曰一，因万物由之以生，况之曰道。《老子》"昔之得一者"（三十九章），王注："昔，始也，一，数之始而物之极也。各是一物之生，所以为主也。"凡物乃有分，分则有数，"一"者固非数（大衍义），而为物之本体（极者体也），至健而能生，取象则似君德，故曰数之始（即犹言物之始），又曰所以为主也。但"物皆各得此一以成，既成而舍（捨）以居成，居成则失其母，故皆裂发歇竭灭蹶也"。盖即天地之大，亦依体以致清宁，清不能自清，宁不能自宁，皆"有其母以存其形"。然迷者昧于本源，而清者不知其所以清，而以为自清，宁者忘其所以宁，而以为自宁，则忘其所以成，而自居于成，于是乃失其母而致裂发也。故万有群生欲得其母，全其性（所以生也），必须开扩智慧，知返本复命。返本者归于元，以无为用（亦作以无为心，失母居成者则以有为心者也），如是则得性命之常。"以无为用"，即《老子》之抱一，亦即返本复命之智，即圣人茂于人之神明也（参看《老子》十章"抱一"注，十六章"知常曰明"注）。王弼曰："圣人茂于人者神明也。""神明茂故能体冲和以通无。"盖神明茂者即能体冲和之道而返于无也。

又"圣人茂于人者神明"也者，似谓圣明独厚，非学而得，而其意则更为深厚。盖茂于神明者即王弼所谓"智慧自备，为则伪也"（《老子》二章注）。盖常人殊类分析，察察为明，其明昭著于外，以利器授人而不示人以朴（参看四十九章注）。盖常人以有为心，执有则有分，有分则违自然而伪生而起争竞（参看四十九章、五十八章注）。圣人则藏明于内（《易·明夷》王注），以无为心，以道之全为体，混成无分，非平常分析之知，故虽明并日月犹曰不知（皇疏四引王弼），大智晦其明（《易·明夷》象辞），不为不造，无固无必，顺任自然，有似蒙昧。故蒙卦王弼注有曰："蒙之所利乃利正也。夫明莫若圣，昧莫若蒙。蒙以养正乃圣功也。然则养正以明，失其道矣。"夫圣人体自然，绝形象，其养正之明，自非囿于形器之域之知识也。

由是言之，茂于神明乃谓圣人智慧自备。自备者谓不为不造，顺任自然，而常人之知，则殊类分析，有为而伪。夫学者有为，故圣人神明，亦可谓非学而得，出乎自然（此自然意即本有）。顾圣人岂仅神明出于自然耶，其五情盖亦自然（五情者喜怒哀乐怨）。盖王弼主性出天成，而情亦自然，并非后得。故弼文曰"圣人同于人者五情也"，其书曰"不能去自然之性"，又曰："今乃知自然之不可革。"五情既亦自然而不可革，故圣人不能无情，盖可知也。

王弼曰："五情同，故不能无哀乐以应物。"盖辅嗣之论性情也，实自动静言之。心性本静，感于物而动，则有哀乐之情，故王弼《论语释疑》曰："夫喜惧哀民之自然，应感而动，则发乎声歌。"（皇疏四）又曰："情动于中，而形于言，情正实而后言之不怍。"（皇疏七）夫感物而动为民之自然，圣自亦感物而有应，应物则有情之不同，故遇颜子而不能不乐，丧颜子而不能不哀，哀乐者心性之动，所谓情也。歌声言貌者情之现于外，所谓"形"也。圣人虽与常人同有五情，然圣人之情，应物而无累于物。无累于物者，乐而不淫，哀而不伤，亦可谓应物而不伤。

夫有以无为本，动以静为基。静以制动，则情虽动也不害性之静。静以制动者，要在无妄而由其理。人之性禀诸天理，不妄则全性，故情之发也如循于正，由其理，则率性而动，虽动而不伤静者也。故王弼曰，感，"必贞然后乃吉"。贞者正也。（咸卦注）又曰："感，应也……以刚感顺，志行其正，以斯临物，正而获吉也。"（临卦注）动而正，则约情使合于理而性能制情。动而邪，则久之必至纵情以物累其生而情乃制性。情制性则人为情之奴隶（为情所累）而放其心，日流于邪僻。性制情，则感物而动，动不违理，故行为一归于正，《易·乾卦》之言"利贞者性情也"。王弼注曰：

> 不性其情，何能久行其正（皇疏九所引何作焉）……利而正者必性情也（性情即性其情）。

性其情者谓性全能制情，性情合一而不相碍。故凡动即不违理乃利而正也。然则推此而论，情其性者自谓性纯为情所制，纵情而不顺理者也（参看程伊川《颜子所好何学论》）。至若已知抑情顺理而性情尚未统一，则自不能事事应礼，如三月不违，"日月至焉"，亦不能保其能久行其正也。

又按《易·乾卦》本言大人之德（君德），亦即圣人之德也（圣人乃能君人，本王弼义），"故利而正者必性（其）情也"一语本指圣人。圣人以还，则均不性其情也。不性其情者，则谓贤如颜回以及恶如盗跖是矣（盗跖可谓情其性）。由上所论，则圣贤与恶人之别固不在情之有无（因均感物而动），而在动之应理与否。故推论何晏、王弼之异同当如下列：

甲、何主圣人无情，王言圣人有情。

乙、弼文曰："今以其无累，便谓不复应物。"是何王均言圣人无累，但何之无累因圣人纯乎天理而无情（依王氏释是不应物）。王之无累则因圣人性其情，动不违理（应物）。

丙、何论凡圣之别，圣人无情，贤人动不违理（《论语集解》所谓之颜子怒必当理）。而小人当系违理任情。王论则谓圣人性其情，有情而动不违理，颜子以下则不能动均不违理（所谓不能久行其正也）。若推论之，小人则是情其性，为情欲所累且不能自拔，而事必违理。

又王弼《与荀融书》有曰："又常狭（轻狎也）斯人（指孔子）以为未能以情从理者也，今乃知自然之不可革。"此中"以情从理"可有二解，一可解为情不违理，盖谓圣人本性其情，应以情从理，惟此解与上下语文气不合。二解为以理化情，即是无情，盖谓王弼原亦主无情（冯芝生先生说）。此解于上下文极可通。但以情从理似仍有情，而以情从理似不得比之用理化去情欲也。按王弼之文佚失颇多，兹难悬揣，而其与荀书，本为戏文，亦不必过于重视也。

由上所论，人性本静，禀受天理，圣人有感于物循理而动，则情役于理，而全生无累。然究其无累之本在乎循理，循理在乎智慧之朗照。故由王弼之义测之，则圣人茂于神明，亦即应物而无累于物之张本也。王弼在乾卦注"美乾元之德"有曰：

> 大明乎终始之道（此即明足以寻极幽微，亦即指圣人茂于人之神明），故六位不失其时而成，升降无常，随时而用，处则乘潜龙（退能静处），出则乘飞龙（进能制动），故曰时乘六龙也。乘变化而御大器，静专动直，不失大和（此言应物而无累），岂非正性命之情者耶（此言圣人得性之正，而全其真。情者实也，对伪而言。又如谓应物而有情，则此谓圣性应物而得其正也）。

圣人体道之全，以无为心，故大明乎终始之道。大明乎终始之道，谓无幽不照，无理不格，故能率性而动，动必应理，用行舍藏，生杀予夺，均得其宜。夫如是即所谓正其性葆其真也。

第三，上文推寻王弼义已竟，今且略论其立义之所由。

自孔子以来，世之论人性者多矣，然其注重之点常不相同，即如汉之末世，其论性者亦多矣，一论才性，则所重者性之施于社会活动者（政事），此为名家言（政论），则其论所摄，不但善恶，而智愚文武以及能与不能皆属之。二论性情，则所究者心性之源，为形上学之问题。而注重形上学（包括本体论与宇宙论）者，恒由天命以推及人事。因此而不能不论（一）性之本为善为恶，（二）性之质为阴为阳，（三）心性之动静，（四）及天理人欲之关系。论此四者自皆须分辨性情。王弼虽曾受名家之影响，然其不论才性而辨性情者，因其为形上学家也。

中国之形上学之大宗首推儒家，儒家之言性，自孟、荀分流，最详于别善恶而兼及理欲。汉之董仲舒"始推阴阳为儒者宗"，乃于善恶理欲之辨加以阴阳之说。于是汉代之论性者乃常以阴阳为其基本之概念。《春秋繁露·深察名号篇》云：

> 身之名取诸天。天两，有阴阳之施，身亦两，有贪仁之性（此性统性情言之）。天有阴阳禁，身有情欲袄，与天道一也。

> 身之有性情也（此性对情而言），若天之有阴阳也。言人之质而无其情，犹言天之阳而无其阴也。

《白虎通德论》，汉儒共有之通义也，其论性情云：

> 性情者何谓也，性者阳之施，情者阴之化也。人禀阴阳而生，故内怀五性六情，情者静也，性者生也。

纬书汉儒之所造，《白虎通》引《钩命决》曰：

> 情生于阴，欲以时念也（《易·乾卦》正义云，随时念虑谓之情，《礼记·乐记》疏云，因性念虑谓之情）。性生于阳，以就理也。阳气者仁，阴气者贪。

《孝经援神契》曰：

> 情生于阴以计念，性生于阳以理契。

上来所言性有仁，契理，生于阳；情有利欲，为贪，生于阴。性善情恶，论主二元，为汉代最流行之学说。此说原出于儒家（孟、荀）之辨善恶，而汉代经师乃加以别阴阳也。

然古籍中论性情精微而重要者，则见于《礼记·乐记》。

所谓"人生而静,天之性也,感于物而动,性之欲也"一段。此虽儒经,而因其论乐,乐感动人心,故此文乃以动静论性情,汉代之取此说者为刘向,王充《论衡》云:

> 刘子政曰,性生而然者也,在于身而不发。情接于物然者也,出形于外(黄晖校谓出形应作形出)。形外则谓之阳,不发则谓之阴。

此言性阴情阳与董生之说正相反,盖董生上承孟、荀之辨,重在善恶,而推以阴阳,则"善之属尽为阳,恶之属尽为阴"(《繁露·阳尊阴卑篇》),故遂言性为阳而情为阴,而刘子政于性情则以动静为基本概念,如《说苑》曰:

> 夫民有血气心知之性,而无哀乐喜怒之常,应感起物而动,然后心术形焉。(此文本出《乐记》)

夫刘子政既以动静论性情,而阳动阴静,故当持性阴情阳之说,自不得不与董生相反。而且既主情者性之动,则自可言性善者其动也善,性恶者其动也恶,故曰:"性情相应,性不独善,情不独恶。"(《申鉴·杂言下》引刘向说。荀悦论性情亦依动静言之,故以向言为然。)

中国形上学之大宗,儒家之外,自推道家。老学贵无主静。"人生而静""感于物而动",自合于道家之旨(上二语本亦见《文子·道原篇》)。而因此道家之论性情,亦恒自动静言之。王弼学袭老氏,故其讨论性情亦以动静为基本概念。所谓"应物"是也。王氏自动静言情性,故其说颇似刘向。刘氏反对尧舜(圣人）无情之说（见《申鉴》），并谓情不必恶，王氏皆与之同也。

汉儒上承孟、荀之辨性，多主性善情恶，推至其极则圣人纯善而无恶，则可以言无情。此圣人无情说所据理之一。刘向首驳其义，而荀悦以为然。汉魏之间自然天道观盛行，天理纯乎自然，贪欲出乎人为，推至其极则圣人道合自然，纯乎天理，则可以言无情，此圣人无情说所据理之二，必何晏、钟会之说所由兴，乃道家之论也。（此外按《晋书》九四郭文曰："思由忆生，不忆故无情。"此专就心理言，则无情说所据理由之三也。）然何晏、王弼同祖老氏，而其持说相违者疑亦有故，何晏对于体用之关系未能如王弼所体会之亲切，何氏似犹未脱汉代之宇宙论，未有本无分为二截，故动静亦遂对立（何晏之学俟另文详之）。王弼主体用一如，故动非对静，而动不可废。盖言静而无动，则著无遗有，而本体遂空洞无用。夫体而无用，失其所谓体矣。辅嗣既深知体用之不二，故不能言静而废动，故圣人虽德合天地（自然），而不能不应物而动，而其论性情，以动静为基本观点。圣人既应物而动，自不能无情。平叔言圣人无情，废动言静，大乖体用一如之理，辅嗣所论天道人事以及性情契合一贯，自较平叔为精密。何劭《王弼传》曰："其论道附会文辞不如何晏，自然有所拔得多晏也。"盖亦有所见之评判也。

（原刊于《学术季刊》1943年第1卷第3期）

王弼之《周易》《论语》新义

　　陈寿《魏志》无王弼传，仅于《钟会传》尾附叙数语，实太简陋。然其称弼"好论儒道"，"注《易》及《老子》"，孔老并列，未言偏重，则似亦微窥辅嗣思想学问之趋向。盖世人多以玄学为老、庄之附庸，而忘其亦系儒学之蜕变。多知王弼好老，发挥道家之学，而少悉其固未尝非圣离经。其生平为学，可谓纯宗老氏，实则亦极重儒教。其解《老》虽精，然苦心创见，实不如注《易》之绝伦也。

　　汉魏之际，中华学术大变。然经术之变为玄谈，非若风雨之骤至，乃渐靡使之然。经术之变，上接今古文学之争。魏晋经学之伟绩，首推王弼之《易》，杜预之《左传》，均源出古学。今学本汉代经师之正宗，有古学乃见歧异。歧异既生，思想乃不囿于一方，而自由解释之风始可兴起。夫左丘明本"不传《春秋》"，而杜预割裂旧文以释经，以非经而言为经，与王肃之造伪书作圣证，其为非圣无法实有相同。然尊左氏为经，本导源刘歆，亦非后世所突创也。至若《易》本卜筮之书，自当言象。王弼黜爻象，而专附会义理，似为突创。然王氏本祖费氏《易》，世称同于古文。传至马融，荀悦言其"始生异说"。古文《易》

本不同今文《易》。马氏治《易》又更异于先儒，则《易》本早有变化。而王氏之创新，亦不过继东汉以来自由精神之渐展耳。

汉代儒生多宗阴阳，魏晋经学乃杂玄谈。于孔门之性与天道，或释以阴阳，或合以玄理，同是驳杂不纯，未见其间有可轩轾也。夫性与天道为形上之学，儒经特明之者，自为《周易》。王弼之《易》注出，而儒家之形上学之新义乃成。新义之生，源于汉代经学之早生歧异。远有今古学之争，而近则有荆州章句之后定。王弼之学与荆州盖有密切之关系。汉末，中原大乱，荆州独全。刘表为牧，人民丰乐。表原为八顾之一（或称八交、八友、八俊），好名爱士，天下俊杰，群往归依。"开立学官，博求儒士。使綦毋闿、宋忠等撰立五经章句，谓之后定"（《魏志》六注引《英雄记》）。王粲即于其时在荆州。其《荆州文学记官志》（《艺文类聚》三八）谓刘表"乃命五业从事宋衷所作文学延朋徒焉"，"五载之间，道化大行。耆德故老綦毋闿等，负书荷器自远而至者三百余人"。《蜀志·李譔传》"譔父仁与尹默俱游荆州，从司马徽宋衷等学。譔具传其业"，"著《古文易》《尚书》《毛诗》《三礼》《左氏解》《太玄指归》。皆依准贾马，异于郑玄。与王氏（肃）殊隔，初不见其所述，而意归多同"。《魏志》王肃"从宋衷读《太玄》，而更为之解"。则子雍之学本有得于宋仲子。子雍善贾马之学，而不好郑玄，仲子之道固然也。譔、肃之学并由宋氏，故意归多同。而其时"伊洛以东，淮汉以北，郑氏一人而已，莫不宗焉"。宋衷之学，异于郑君，王肃之术，故诋康成。王粲亦疑难郑之《尚书》。则荆州之士踔跞不羁。守故之习薄，创新之意厚。刘表"后定"，抹杀旧作。宋王之学，亦特立异。而王弼之《易》，不遵前人，自系当时之风尚如此也。

荆州学风，喜张异议，要无可疑。其学之内容若何，则似难言。然据《刘镇南碑》(《全三国文》五六)称表改定五经章句，"删划浮辞，芟除烦重"，其精神实反今学末流之浮华，破碎之章句。又按《南齐书》所载王僧虔诫子书有曰，"荆州八帙""言家口实"。又曰，"八帙所载，共有几家"。据此不独可见荆州经学家数不少，卷帙颇多，而其内容必与玄理大有契合。故即时至南齐，清谈者犹视为必读之书也。荆州儒生之最有影响者，当推宋衷。仲子不惟治古文，且其专长似在《太玄》。王肃从读《太玄》，李譔学源宋氏，作《太玄指归》。江东虞翻读宋氏书，乃著《明杨释宋》(见《吴志》本传注)。而陆绩《述玄文》中称，荆州刘表遣梁国成奇修好江东。奇将玄经自随。陆幅写一通，精读之。后奇复来，宋仲子以其《太玄解诂》付奇，寄与张昭。陆氏因此得见仲子之书。可见荆州之学甚盛。而仲子为海内所宗仰，其《太玄》并特为天下所重。夫《太玄》为《易》之辅翼，仲子之《易》，自亦有名于世。虞翻曾见郑玄、宋衷之《易》，而谓衷小差玄。在其同时，《易》学实极盛，马融、郑玄、荀爽、王肃、虞翻、姚信、董遇、李譔均治《周易》。虞翻言"经之大者，莫过于《易》。自汉初以来，海内英才解之率少。至桓灵之际，颍川荀谞（爽）号为知《易》"(本传注)。可见汉末，孔门性道之学，大为学士所探索。因此而《周易》见重，并及《太玄》，亦当时学风之表现。而王弼之《易》，则继承荆州之风，而自有树立者也。

王弼未必曾居荆州。然其家世与荆州颇有关系。山阳刘表受学于同郡王畅。汉末畅孙粲与族兄凯避地至荆州依刘表。表以女妻凯。蔡邕尝赏识粲，末年以数车书与之。粲之二子与宋衷均死于魏讽之难（魏讽之难，实因清谈家反曹氏而起）。邕所与书悉归凯子业。魏文帝因粲子二人被诛，以凯之子业嗣粲。而王弼者乃业之子，宏之弟，亦即粲之孙也（《魏志·钟会传》注）。宏字正宗。张湛《列子注序》谓正宗与弼均好文籍。《列子》有六卷，原为王弼女婿所藏。按《列子》固非先秦原书，然必就旧文补缀成篇。王氏盖自正宗，即好玄言。而其父祖两辈与荆州有关系。粲、凯以及粲之子与业必均熟闻宋仲子之道，"后定"之论。则王弼之家学，上溯荆州，出于宋氏。夫宋氏重性与天道，辅嗣好玄理，其中演变应有相当之联系也。又按王肃从宋衷读《太玄》，而更为之解。张惠言说，王弼注《易》，祖述肃说，特去其比附爻象者。此推论若确，则由首称仲子，再传子雍，终有辅嗣，可谓一脉相传者也（蒙文通《经学抉原》页三八）。

　　大凡世界圣教演进，如至于繁琐失真，则常生复古之要求。耶稣新教，倡言反求圣经（return to the Bible）。佛教经量部称以庆喜（阿难）为师。均斥后世经师失教祖之原旨，而重寻求其最初之根据也。夫不囿于成说，自由之解释乃可以兴。思想自由，则离拘守经师而进入启明时代矣。汉初经学，繁于传记，略于训说。其后罢传记博士，而章句蔚起。其末流之弊，班固谓"一经说百余万言。说五字之文，至于二三万言"。故有识者尝思救其偏失，于是乃重明文证据。刘歆斥博士为信口说而背传记。许慎诟俗儒鄙夫为怪旧艺而善野言。古文之学遂乘之而起（《经学抉原》页二六、二七）。其后乃必有返寻古远传记之运动。杜元凯分《春秋》之年使与《左氏传》相附，即此项运动之结果。而《周易》新义之兴起，亦得力于轻视章句，反求诸传。荆州"后定"盖已开轻视章句之路，而王弼新《易》

之一特点，则在以传证经。盖皆自由精神之表现也。

世传王弼用费氏《易》。《汉书·儒林传》费直治《易》，亡章句（张惠言云：后世所传费氏易注伪托不足信），徒以彖象系辞十篇文言解说上下经。是以费氏《易》与古文同，而其学本以传解经，亦与今文家重训说章句者大异其趣。王弼用费氏《易》云者非但因其所用易文同于古文，而实亦因其沿袭其以传解经之成规也。

然细按新《易》学反求诸传之运动，其步骤可分为二：（一）则于注文解说时引传证经，经传联合，并为一谈。此费氏学之特色。魏高贵乡公谓郑康成《易》注以彖象与经文相连，乃谓郑氏于易注中，以经传合并解说也。史称康成并传费氏《易》，故其注《易》实用费氏之法。（二）则不但注解时经传合说，而且割裂传文，附入经文。其法即杜元凯用之于《春秋左氏经传集解》者。此二步骤，前者以传证经，后者以传附经（实亦即以经附传）。然前者尚只用于注解，后者乃进而改窜经文。二者深浅有别，而其主张反求古传，轻视后师章句，则相同。《易》学至此，汉人旧说乃见衰颓，魏晋新学乃可兴起也。

改窜《周易》以经附传，实颇出于王弼之手。《玉海》朱震曰："王弼以文言附乾坤二卦。"则文言传之附入经文，始于辅嗣。又《正义》云："弼意彖本释经，宜相近附，故分爻之象辞，各附当爻下。"则小象传之附入经文亦始于辅嗣。又按《魏志·高贵乡公纪》，帝问《易》博士淳于俊曰："孔子作彖象，郑玄作注，今彖象不与经文相连而注连之，何也？"夫古注单行，康成注《易》，合彖象于经，为之解说。然其于《周易》本文，据高贵乡公之言，实经传未尝混合。是则以彖象附入经文，似非如世人所言出于康成。而读王弼《易略例》，首章即为明象。其以象说经之旨，昭然如见。或者以象象连入经文亦即出于辅嗣。而此久已流行之今本《周易》以经传相附，或即出王弼一人之手也。

今本《周易》因王弼所制定与否，兹姑不详辨。然其注《易》时用传解经之精神实甚显著。此则其明证有四：（一）王《易》相传出于费氏，费氏亡章句，而主以传解经。（二）王氏多于小象下无注，而以小象之义入爻辞中，是为以传解经之实例。（三）孔疏云："辅嗣加乾传泰传字，离为六篇。"盖今本《周易》分六卷，每卷首题周易上经（或下经）某传（乾传、泰传、噬嗑传、咸传、夬传、丰传）云云。于六卷之首，均明言某传，极见其以经附传，用传解经之意。（四）《经典释文·叙录》略云："王注上下经六卷，系辞以下不注。相承以韩康伯注续之。"是王注只及上下经。系辞以下以韩注续，乃"相承"已久之事（《南史·顾欢传》云："顾注王弼《周易》二系。"此当系谓其亦续注王书也）。但辅嗣注《易》，祖述系传（读《略例》可见）。而系反无注者，必王作书原旨只在以传解经。经注已完，系辞以下，自无续注之必要矣。

弼注《易》，摈落爻象，恒为后世所重视。然其以传证经，常费匠心。古人论弼《易》者，如孙盛称其附会之辨（附会字义，参看《文心雕龙·附会篇》，不定为贬辞）。朱子亦尝称其巧。当均指此。夫弼固好《老》，然其于儒经用力甚勤。其言有曰，《易》之"微言精粹，熟习然后存义"（《论语·述而》皇疏引）。弼之于《易》亦拟熟习而解其义欤？儒家经典，《周易》而外弼曾为《论语》作《释疑》。《隋志》《唐志》及《释文·叙录》均著录（三卷或二卷）。按正始玄宗王何均研《论语》，俱重圣人之学行，而其著作之旨不同。平叔等作《集解》，盖以晚近训解不少（《集解》叙）。今须择善而从也。辅嗣作《释疑》，则因其中有难关滞义，须为之解答也。疑难者，或文义相违（如问同而答异），或言行费解（如子见南子，佛肸召子欲往），王充《论衡·问孔篇》讥之详矣。王弼于此，皆有解释，亦可谓圣门之功臣欤？尤有进者，王弼之所以好论儒道，盖主孔子之性与天道，本为玄虚之学。夫孔圣言行见之《论语》，而《论语》所载多关人事，与《老》《易》之谈天道者似不相侔。则欲发明圣道，与五千言相通而不相伐者，非对《论语》下新解不可。然则《论语释疑》之作，其重要又不专在解滞释难，而更在其附会大义使与玄理契合。此下所论，略述王弼之《易》理，而以其释《论语》用新义处附焉。

世之非毁弼《易》者，一非其援老氏入《易》。然汉代自严遵以来，兼治《老》《易》之人固多矣。即若虞仲翔之《易》，世固谓为汉《易》矣。然于乾象引自胜者强，坤象引胜人者有力，屯卦辞引善建者不拔，下系引自知者明。以《老》《庄》入《易》，不论其是否可为垢病，然在汉魏之时，此风已长，王弼用之，并非全为创举也。又世之非毁弼《易》者，亦因其师心自用，不守家法。然弼之注《易》，采取旧说颇不见少。张惠言谓弼祖述王肃，特去其比附爻象者。实则弼注除黜象数外，文义亦尝援用旧说。如观卦卦辞注即用马融之文，泰之初九全引虞氏易，革卦巳日乃孚乃用宋衷之注，颐之六二全用王肃之书。凡此均足证辅嗣治《易》，多读世儒作品，于作注时，并有所取材也。

王弼之伟业，固不在因缘时会，受前贤影响。而在其颖悟绝伦，于形上学深有体会。今日取王书比较严遵以至阮籍之《老子》，马融、虞翻之《周易》。王氏之注，不但自成名家，抑且于性道之学有自然拔出之建设。因其深有所会，故于儒道经典之解释，于前人著述之取舍，均随意所适。以合意为归，而不拘拘于文字。虽用老氏之义，而系因其合于一己之卓见。虽用先儒书卷之文，而只因其可证成一己之玄义。其思想之自由不羁，盖因其孤怀独往，自有建树而然也。

《魏志》云，王弼好论儒道，实即因其以二家性道之学同主玄虚，故可并为一谈。《论语》"志于道"，王弼《释疑》曰："道者，无之称也，无不由也。况之曰道，寂然无体，不可为象。"夫汉代之天道指祸福吉凶，谓一切事象必有所由，顺之则祥，逆之则殃。此与王弼主"一物之动必有其所以然之理"，其原理固相通。然汉代言天文灾异者，以人政上应天道，如客星犯轩辕大星，则主皇后失势；貌之不恭（谓君臣不敬），则有鸡祸。其立言全囿于形器之域。汉人所谓天，所谓道，盖为有体之元气，故其天道未能出乎象外。至若王弼，则识道之无体超象，故能超具体之事象，而进于抽象之理则。夫着眼在形下之器，则以形象相比拟而一事一象。事至繁，而象亦众。夫众不能治众，治众者必由至寡之宗。器不能释器，释器者必因超象之道。王弼以为物虽繁，如能统之有宗，会之有元，则繁而不乱，众而不惑。学而失其宗统，则限于形象，落于言筌。据此说《易》，则必以乾比马，以坤为牛，其立意与轩辕配中宫，不肃应鸡祸，固无异也。不知：

> 义苟在健，何必马乎？类若在顺，何必牛乎？爻苟合顺，何必坤乃为牛？义苟应健，何必乾乃为马？（《略例·明象》）

夫义类者抽象之简理。马牛者具体之繁象。具体之象生于抽象之义（参看乾文言上九注）。知其义类，何必拘执于马牛。依此原则，而扫除汉人囿于形器之积习，然后玄远虚胜之谈乃有根据也。

王弼用忘象得意之原则以建立玄学。而其发现此原则实因其于体用之理深有所会。王氏之所谓本体，盖为至健之秩序。万象所通所由，而本体则无体而超象。万有事物由真实无妄之本体以始以成。形象有分，而体为无分至完之大全。事物错动，而体为用形制动之宗主。本体超越形象，而孕育万物。万物殊变，俱循至道，而各有其分位。万有之分位固因于本体之大用。然则真识形象之分位者，固亦深知天道之幽赜者也。夫《易》之为书，小之明人事之吉凶，大之则阐天道之变化。圣人观象设卦，无非表示物变之分位。依分位则能辨其吉凶之由，明其变化之理。故王弼论《易》，最重时位。变化虽繁，然如明其时位，则于万有可各见其情，而变斯尽矣。万有依其在大道中之地位，而以始以成。由其本身言，则谓为其性分（或德）。由始成言之，则谓为其所以然之理。故王氏乾卦文言注有曰："夫识物之动，则其所以然之理，皆可知也。"所谓物之动者，即天道之变化。所以然之理即谓万变在大全中之时位。明其时位，则上可悉其变化之所由，下可推人事之吉凶。夫万有咸得一以成，由道以生。故万有纷繁，运化万变，必有宗统。宗极至健，故万变而不离。统制有序，故纷繁而不乱。王氏《易略例》，首章明象，盖示万变之必有宗主，万物之必由乎道也。而品制万变，因时而易（王注之时略如时势）。于是《易》乃设卦以存时义，又于卦分爻以应时之变。故王氏《略例》乃有《明爻通变》及《明卦适变通爻》之二章。王弼之《易》，反象数，主时位，盖皆本于其本体之学也。

王弼注《易》，旨在发挥其一己于性道之学之真知灼见。故往往改弃旧义，另立新说。而其遗旧创新处，正为其真知所在，极可注意。乾为天，坤为地，为汉儒所奉之古义。然所谓天者，清明无形（郑玄）。地者有九等之差（宋衷）。即所谓上下覆载形气之物，而非王辅嗣所明之象外之本体也。故其乾卦注曰：

天也者，形之名也。健也者，用形者也。

坤卦注曰：

地也者，形之名也。坤也者，用地者也。

夫《易》之首卦不曰天地，而曰乾坤，则乾坤非即天地，而指能用天地之本体之德也明矣。本体至健，能孕万形。本体至顺，能循理则。本体寂静而统万变，其德则曰乾。本体贞一而顺自然（坤六二注），其德则曰坤。本体为至健之秩序，雷动风行，运化无方，俱为大用必然之流行。所谓盈虚消息为人力之所难挽。故大易所示，时有否泰。爻有变动，君子熟于天地盈虚消息之理，则可以适时应变矣。

复卦向以为一阳始生，主六日七分，当建子之月，为人君失国而还返之象（郑玄、虞翻、荀爽）。至王弼始轻历数之说，而阐明其性道之学。夫万形咸以无为体，由道而得其性。然则苟欲全其性，必当不失其本。如欲不失其本，必当以无为用。以无为用者，即本体之全体大用。故真欲全性葆真者，必当与道合一，体用具备。故复卦注曰："复者，反本之谓也。天地以本为心者也。"天地之心，即本体之大用。反本即反于无，而以无为用，又曰以无为心。若有物安于形器之域，而昧于本源，则分别彼我，争端以起。故王氏又曰："若其以有为心，则异类未获俱存矣。"

王弼之所谓本体，为至健之秩序。万物生成为本体之用，而咸有其必然之分位。秩序者就全体以称。分位者就一物立言。全体之秩序，即所谓道。故道也者无之称也。无不通也，无不由也。一物之分位，根据其所由之理，而各得其性。故曰："物皆不敢妄，然后万物乃得各全其性。"（无妄卦注）夫道真实无妄，故物均不敢妄，而有其所恒有之性，所恒具之德。恒者，常也。物皆有其所恒，言其各反常道也。为显此义，王弼解无妄与恒二卦，乃大异于前修。马、郑、王肃训无妄为无所希望。（虞氏云，京房及俗儒以为大旱之卦，训无望当因此。）九家易曰，无有灾妄，虞氏谓为无亡。而王弼解为物不可以妄。其言有曰，天之教命，何可犯乎，何可妄乎。夫不违犯天之教命（即道之秩序），则物有其所恒之德性。郑、虞旧义于恒卦仅训为久。王氏乃进而言所久所恒。其言曰"各得所恒，修其常道……故利有攸往"。"道得所久，则常通无咎，而利贞也"。"得其所久，则不已也"。"言各得其所恒，故皆能长久"。"天地万物之情见于所恒也"。此盖有悟于《老子》之所谓常。常者依全体言，即指道；依事物言，则谓其由乎道而有其本然之分位。如物全其分，即得其所恒。全其分者，即不失其本，所谓"修其常道"者也。如失其所恒，则是昧其本源，离其宗极，是即王弼所指旅卦之时也。旅旧或训军旅，此王肃说。张轨释齐斧（资斧）为黄钺斧（参看巽上九荀注），当亦承子雍之说。或训客旅。然所谓客者，举聘客为例（郑玄），亦非王弼所用之义。弼之言曰"旅者大散，物皆失其所居之时也"。然则旅之时，在人事为民失其主，在天道则为物昧其本。物昧其本，则丧其真，失其所恒，必不可久矣。

《易》之戒慎本可合于老氏卑弱之义。王弼注《易》，于此乃反复致意。于《易》之始则有曰：

>居上不骄，在下不忧，因时而惕，不失其几，虽危而劳，可以无咎。（《乾卦》注）

于《易》之终亦有曰：

>夫以柔顺文明之质，居于尊位，付与能而不自役，使武以文，御刚以柔，诚君子之光也。（《未济》注）

盖能戒慎恐惧，则斯能识谦损之德。谦尊而光，履尊以损。旧义巽为命令。王主巽顺，曰巽悌乃能命行，又曰巽顺则可以升（《升卦》注）。旧义大壮为伤。王主壮盛（王肃义），曰壮，违礼则凶，凶则失壮。又曰行不违谦，不失其壮。夫老氏卑弱之术，汉初原为刑名所利用，然固亦为慎密惧祸之表现。西汉以来，蜀庄之沉冥，扬雄之守玄，冯衍之显志，刘邵之释争，其持隐退之道者，盖均出于戒慎之意。钟会生母，"特好《易》《老子》，每读《易》孔子说鸣鹤在阴，劳谦君子，借用白茅，不出户庭之义，每使会反复读之"（《魏志》二十八注）。是亦合儒家之戒慎，与道家之卑弱为行己至要。辅嗣注《易》，盖亦如是也。

王弼会合儒道最著之处为圣人观念。此可分四事说之。（一）主儒家之圣人，（二）圣人神明知几，（三）圣人治世，（四）用行舍藏。

（一）王弼学贵虚无，然其所推尊之理想人格为孔子，而非老子。周彦伦曾言，"王何旧说皆云老不及圣"（《弘明集》周颙《重答张长史书》）。此盖汉代以来相承之定论。辅嗣、平叔未能有异言。王氏《论语释疑》《周易注》固常以孔子为圣人（如解《论语·子温而厉章》《易·乾卦·文言》注仲尼旅人）。至若何劭《弼传》引其答裴徽之语，则尤见其融会儒道之用心。当时弼以好老氏虚无之旨见称。弱冠诣裴徽：

> 徽一见而异之。问弼曰："夫无者诚万物之所资也。然圣人莫肯致言，而老子申之无已者何？"
> 弼曰："圣人体无，无又不可以训，故不说也。老氏是有者也，故恒言无（据《世说》疑'其'之误）所不足。"

圣人体无，老子是有，显于其人格上有所轩轾。而圣人所说在于训俗，老书所谈，乃万物所资。则阳尊儒圣，而实阴崇道术也。

（二）《书经》睿作圣，圣人之德，原重明哲。辅嗣《略例》云："明夷务暗，丰尚光大。"二卦并举，盖以显圣德之异常。于丰则言其阐弘微细，通夫隐滞。于明夷则称其示人以朴，能"晦其明"。明寻幽微，知人善任，王者以治天下。大智若愚，不用察察为明，以导百姓于争竞。此则一方主儒圣之明哲，一方又重老学之弃智矣。

圣明知人，天下以臻治平，亦名家所常言。圣人藏明，养正以蒙，乃道家之要义。二者余均别有文论之，兹不再赘。然详研王氏所谓明寻幽微者，固不限于知人。而圣智之所以异常者，不只在其有似蒙昧。夫圣人则天之德，神与道会。天道变化，圣人神而明之，与之契合。所谓《易》之知几是也。几者谓变化之至也。至者指恰当至之时，不在事后，亦不在事先也。

圣人神知当机，不识于事之后，故无悔尤。《论语·佛肸召章》，仲由引夫子曰"亲于其身，为不善者，君子不人也"。王氏《释疑》曰：

> 君子（原作孔子兹照《论语》本改）机发后应，事形乃视，择地以处身，资教以全度者也，故不入乱人之邦。

事形乃视，是不能当机契合。不能契机，自不能免于悔尤。易称颜子庶几，有过则改。庶几者，殆将侪于圣明契道而稍后者也。颜子亚圣，固可称为君子，而实不及于圣人（君子与圣人有异，见《论语·述而·圣人不得见章》，王弼曾释之）。圣人则穷神研几，可以无过（《论语·加我数年章》王注）。盖圣智之体，与道合其变，于物极其情，直自然之流行，夫何悔尤之可有。《佛肸召章》，《释疑》于论君子之后，继而称誉圣人。其言曰：

> 圣人通远虑微，应变神化，浊乱不能污其洁，凶恶不能害其性。（下略）

又"未可与权"句，《释疑》曰：

> 权者道之变，变无常体，神而明之，存乎其人，不可豫设，尤至难者也。

圣人通变，随其所适，此所谓以道合其变也。知天道之权变者，即明于事物之情伪。《论语·里仁》"夫子之道忠恕而已矣"句下，王氏曰：

> 忠者情之尽也。恕者反情以同物者也。未有反诸其身而不得物之情，未有能全其恕，而不尽理之极也。

能尽理极，契神故能即物。此所以圣人知几，于物则极其情也。然知几者，亦非预识于前也。不但权变无常，不可豫设（此王氏文，见上引），而且圣人神与道会，应若自然。如形影声响，同时而有，不为不造。夫汉人之预言吉凶灾异者，固非圣人之徒也。《老子》云"前识者道之华"，王注于此，似斥常人所谓预言。文曰：

> 前识者，前人而识也。即下德之伦也。竭其聪明，以为前识……虽德其情，奸巧弥密。

圣人之知，纯无造作。前人而识，则毁自然而自矜其智矣。盖皆大悖于老氏之道，而非儒圣之所谓知几矣。（据现存本严遵《老子指归》，王氏此解疑出于君平。盖此本中前识下严注曰："预设然也。"其《指归》有曰："先识来事以明得失。"）

（三）圣人法道，德合自然。其治世之方，殆亦可推知矣。道大无名，故君人之德，以中和为美。《释疑》曰：

> 故至和之调，五味不形，大成之乐，五声不分。中和质备，五材无名也。

中和质备，则可役偏至之材，而天下以治。自然无造，故不察察而治。《老子注》云：

> 夫以明察物，物亦竞以其明应之。以不信察物，物亦竞以不信应之。……若乃多其法网，烦其刑罚，塞其径路，攻其幽宅，则万物失其自然，百姓丧其手足。（四十九章注）

故圣人之于天下，歙歙焉心无所主。夫心无所主者，若天之至公；察察为政，则未免于私也。《释疑》称尧之德曰：

> 大爱无私，惠将安在？至美无偏，名将何生？故则天成化，道同自然。不私其子，而君其臣，凶者自罚，善者自功。（下略）

圣王以无名不偏之德，行至公自然之治，无毫末之私，不自有其身，百姓日用而不知，故自成大功，自致太平也。

王弼谈治，以因为主。"因而不为"，《老子注》中之所数言。然其所谓因者，非谓因袭前王，而在顺乎自然也。《周易·鼎卦》注云：

> 去故取新，圣贤之不可失也。

其所谓因者，因自然之理，以全民之性（亦即民自全其性）。理有大常，道有大致。修其常，顺其理，则得治之方，致治之方。虽顺道家之自然，但不必即毁儒家之名教。名教有礼法之防。然王氏注《讼卦》，引孔子无讼之言，而申明之曰：

> 无讼在于谋始,谋始在于作制。物有其分,职不相滥,争何由兴。

《师卦》注云:

> 为师之始,齐师者也。齐众以律,失众则散。

是王氏固未尝毁弃分位法制也。《论语》"林放问礼之本,子曰大哉问",王氏《释疑》曰:

> 时人弃本崇末,故大其能寻礼本意也。

考王氏所谓礼之本意,具详于《老子》三十八章注中,谓仁义礼敬均须统以自然无为。然则礼者,如能出乎自然无私,旨在以观感化人,则王道至大者也。《观卦》注曰:

> 统说观之为道,不以刑制使物,而以观感化物者也。神则无形者也。不见天之使四时,而四时不忒,不见圣人使百姓,而百姓自服也。

治用观感,实因民之性,以期其自化。积极方面,则任民之自然发展。消极方面则"除其所以迷,去其所以惑"(所以二字甚重要。见《老子》二十九章注)。故政治之用,既有利导,亦有检制。《论语》"兴于诗,立于礼,成于乐",王氏《释疑》曰:

言有为政之次序也。夫喜惧哀乐，民之自然，感应而动，则发乎声歌。所以陈诗采谣，以知民志风。既见其风，则损益基焉。故因俗立制，以达其礼也。矫俗检刑，民心未化。故必感以声乐，以和其神也。

然则王弼论政，虽奉自然，实未废儒教之礼乐也。引申上文之意，则陈诗以观民风。风俗有良窳。良者任其增胜，窳者必见所以然而为之检制。然后感以乐，以和其神。然则自然之治，固非徒以放纵为事也。

（四）中国社会以士大夫为骨干。士大夫以用世为主要出路。下焉者欲以势力富贵，骄其乡里。上焉者怀璧待价，存愿救世。然得志者人青云，失意者死穷巷。况且庸庸者显赫，高才者沉沦，遇合之难，志士所悲。汉末以来，奇才云兴，而政途坎坷，名士少有全者。得行其道，未必善终。老于沟壑，反为福果。故于天道之兴废，士人之出处，尤为魏晋人士之所留意。孔子曰"知天命"。《易》曰："天地盈虚，与时消息。"依儒家之义，时势之隆污乃归之于大运之否泰。若更加以道家之说，则天命之兴废，乃自然之推移。因是"用之则行，舍之则藏"，不但合于儒家之明哲保身，亦实即道家之顺乎自然。夫圣人本德足君人，而每不逢时在位。王氏释"子见南子"以为"犹文王之拘于羑里，盖天命之穷会也"。并曰：

否泰有命，我之所屈不用于世者，乃天命厌之，非人事所免也。

天道自然，兴废有期（参看五十知天命句，王氏《释疑》），非人事所能改易。圣人于此，亦顺而安之云耳。

夫盈虚消息之义，清谈人士之所服膺。辅嗣为玄宗之始，于此曾三致意。然其《易》注，于系遁乃曰"遁之为义宜远小人"。于肥遁则曰"超然绝志，心无疑顾"。于观之上九"圣人不在其位"则云"高尚其志，为天下所观"。于泰之九三"时将大变"则曰"居不失其正，故能无咎"。于乾之初九"潜龙勿用"则云"不为世俗所移易"。辅嗣于君子不遇之时，而特重其行义不屈。比于山涛之告嵇绍，不亦胜之远乎。盖玄风之始，虽崇自然，而犹严名教之大防。魏讽死难，汉室随亡。何晏被诛，曹祀将屋。清谈者，原笃于君父之大节，不愿如嵇绍之腼颜事仇也。王弼虽深知否泰有命，而未尝不劝人归于正。然则其形上学，虽属道家，而其于立身行事，实仍赏儒家之风骨也。

（原刊于《图书季刊》1943年新四卷一、二合刊）

向、郭义之庄周与孔子

《庄子》向秀、郭象二注之异同，近人多有论列。郭钞向注，其例至多。《秋水》《至乐》子期亦似实未注（《秋水篇》《释文》所引，均出于向之《庄子音》）。则《世说》所载，非全诬枉。然据今所考，向、郭所用《庄子》版本，互有不同。而子玄之注不但文字上与向注有出入，其陈义亦有时似较子期圆到。则《晋书·向秀传》所谓郭因向注"述而广之"，固是事实。而向秀作注，自成一家，时人誉为庄周不死（《世说》注），依今所知，郭氏精义，似均源出向之《隐解》。虽尝述而广之，然根本论据，恐无差异。故《世说》曰："向、郭二《庄》，其义一也。"

向、郭二《庄》，美言络绎，兹不能详，惟取其对于孔子、庄子之意见推论之。向秀称"周、孔穷神"。又言，"圣人穷理尽性"（《难嵇叔夜养生论》）。盖以孔子为圣人也。《大宗师》孔子曰："彼游方之外者也。丘游方之内者也。"郭注曰："未有极游外之致，而不冥于内者也。"又曰："圣人常游外以弘内。"则郭亦以孔子为圣人也。《庄子》郭注序文，是否亦曾窃向之文不可知，但其旨似不相违。郭序曰："庄子者可谓知本矣。"又曰，庄生"虽未体之，言则至矣"。此盖仅许其知言，为百家之冠，然而未称之为圣人也。夫《天下篇》言庄子"与造物者游",而祖尚老、庄者,乃不许其为圣人。庄子绝圣弃智,非尧舜,薄汤武,而向、郭乃持推尊孔子,且为之辩护。不亦甚可异乎?

郭序曰,《庄子》之书"明内圣外王之道"。向、郭之所以尊孔抑庄者,盖由于此。内圣外王之义,郭注论之详矣。圣人无心玄应,惟感之从。会通万物之性,而陶铸天下之化。顺万物之性分而正之,则物咸自正。因人心之所欲亡而亡之,则人心不失。泛乎若不系之舟,东西之非已也,无行而不与百姓共,故无往而不为天下之君。夫与物冥而无不顺,心无为而过于为,天下遂以不治治之(参看《逍遥游》《齐物论》注)。故郭注曰:"无心而任乎自化者,应为帝王也。"(《应帝王》注)由此言之,则《庄子》养性之学,即治天下之术也。

然世之读《庄子》者,不知此义,而每多误解。(一)或以为尧舜一日万几,即失性命之情。而不知尧舜"虽在庙堂之上,然其心无异在山林之中。世岂识之哉?徒见其戴黄屋、佩玉玺,便谓足以缨绂其心矣。见其历山川、同民事,便谓足以僬悴其神矣"(《逍遥游》注)。岂知至足者不亏,而圣人之不以外伤内耶?(二)或贵无为之风,遂云"行不如卧"(《马蹄》注)。而不知圣人治天下,顺自然而治,固非真不治也。夫"无为之言,不可不察也。夫用天下者,亦有用之为耳。然自得此为,率性而动,故谓之无为也"(《天道》注)。(三)或闻游乎方外之叹,遂以为外天下者必离人(《人间世》注圣不离人)。不知外天下者,淡然无系,泛然从众耳。卞随、务光以及许由、巢父固不得谓之外天下也(《让王》注)。"若谓拱默乎山林之中,而得称无为者,此庄、老之谈所以见弃于当涂"也(《逍遥游》注)。由此言之,士君子固须宅心玄虚,而不必轻忽人事。《世说》载向子期举郡计入洛，文王引进问曰："闻君有箕山之志，何以在此？"对曰："巢、许狷介之士，不足多慕。"说者谓"向秀甘淡泊"，其入洛当别有理由，兹姑不论。但依郭注观之，子期之言，亦因其平生主张如是也。（向氏《难养生论》有寡情欲，抑富贵，未之敢许之言。《难养生论》与《庄子隐解》均作于子期入洛之前。）

内圣外王之义，乃向、郭解《庄》之整个看法，至为重要。且孔子贵名教，老、庄崇自然。名教所以治天下，自然所以养性命。《庄子注》之理想人格，合养性命、治天下为一事，以《逍遥游》《齐物论》与《应帝王》为一贯。于是自然名教乃相通而不相违。谢康乐《辨宗论》云，"向子期以儒道为壹"，其关键或在此欤？（《难养生论》以富贵关之自然，则合名教自然之又一义，兹不赘。）又正心修身为治国平天下之本，黄老原亦为君人南面之术。内圣外王本为中华最流行之政治理想。孟子之对齐王，朱子之告宋帝，千古政论，奉此不坠。庄注所陈，亦非例外。虽其内圣之德不同，治国之术亦有殊，然正陛下之心乃能正天下之心，其说与儒家不异也。夫论自然名教相同，乃晋代之通说；圣王合一，乃我国道德政治之原则。向、郭所论，亦此通说此原则之表现也。

《庄注》内圣外王之说既明，则郭象谓庄生非圣人之言，乃有据。夫圣王穷神而能兼化，以不治治天下。庄子并未兼化，自亦未足以语穷神。庄子既未能化治天下，自亦未跻于不治。反之，则兼化者穷神，治天下者必已神于不治，则尧、舜、孔子其人矣。郭象对于庄子未以理想人格许之，因依其学说固有所不足也。盖庄子仅知圣知本耳，于为圣人则有所不及。圣人暗与理会，以化为体。身游乎玄冥，而德洽百姓。知圣知本者，言能与理相应，而未体道。只足以知天，而未尝能治人。故郭序评蒙叟曰，"应而非会，则虽当无用。言非物事，则虽高不行"也。

复次，郭序曰，庄子"未始藏其狂言"。盖体道者，则藏其狂言。至道唯在自得，非言之所得。狂言虽为至言，然至道何用言乎？（《知北游》注）向秀曰："至人其动也天，其静也地。其行也水流，其湛也渊嘿。"（《列子·黄帝篇》注）郭象曰，尧舜"非修之也。万物自无为而治。若天之自高，地之自厚，日月之明，云行雨施而已"（《论语》皇疏卷七，"修己以安百姓尧舜其犹病诸"注）。故圣王"凄然似秋，暖然似春"（《大宗师》）。"暖焉若春阳之自和，故蒙泽者不谢。凄乎若秋霜之自降，故雕落者不怨。"（《大宗师》郭注）"生而非惠，则赏者自得。戮而非怒，则罚者自刑。"（支遁《上哀帝书》语，支此意与向、郭同得之于《庄子》）盖"物有自然，理有至极，循而直往，则冥然自合"，无所用于言也（《齐物论》注）。天无言而四时成，尧无言而天下治。庄子言之，而天下未见其治也。故郭序评庄子又曰："与夫寂然不动不得已而后起者，固有间矣。"圣人法天之无言，体至一之宅，而会乎必然之符（《人间世》"一宅而寓于不得已"注，又《刻意》注曰，"任理而起，吾不得已也"）。既任乎必然之极，则天下自安矣（《在宥篇》"君子不得已而临莅天下"注）。若庄子者言虽至矣（郭序），而未能任自然之极。然则何能有君人之德，不得已而临天下，教泽自被于百姓哉？

郭子玄论庄子之人格，与王辅嗣评老、庄之言，实颇相同。《世说》云：

> 王辅嗣弱冠，诣裴徽。徽问曰："夫无者，诚万物之所资。

圣人莫肯致言,而老子申之无已,何邪？"弼曰:"圣人体无,无又不足以训,故言必及有。老、庄未免于有,恒训其所不足。"

此言圣人体无,于无反莫肯致言。老庄于体无则有所不足,乃申之无已,而发为狂言。郭序称,心无为者,则"言唯谨尔"（用《论语》句,本指孔子）,未体化者,则"游谈于方外"（《庄子》）。王曰,言及有,乃足以训。郭曰,言非物事,虽高不行。郭说与王弼论圣人与老、庄之不同,实无有异也。又孔子固亦王辅嗣之圣人也。《论语》"子曰,予欲无言"。王弼曰:"子欲无言,盖欲明本,举本统末以示物于极者也。"修本者废言,则天以行化（皇疏九）。圣人无言,亦王与向、郭之所同意。由是观之,则不肯致言,正明孔子之所以为圣。而申之无已,亦直显老、庄之未及于圣也。

复次,汉代儒家已称独尊。班固人表列孔子为圣人,与尧、舜、禹、汤、文、武相同。老子则仅在中人以上。庄子且在中人以下。圣人以儒家之理想为主,而老、庄乃不及圣人。此类品评,几为学术界之公论。及至汉末以后,中华学术渐变,祖尚老、庄。然王辅嗣仍言孔子圣而体无,老、庄未免于有。何晏曰:"鬻庄躯放玄虚,而不周于时变。"（王坦之《废庄论》）《文章叙录》云:"自儒者论以老子非圣人,绝礼弃学,晏说与圣人同。"（《世说》注）盖王、何旧说,皆以为老不及圣（《弘明集》周颙致张融书语）。庄子人格或且下于老子。但依王、何之学,孔子之所以为圣,在于体无。而老子恒言虚无,故与圣学同。留儒家孔子圣人之位,而内容则充以老、庄之学说。学术宗尚,已趋于新义。而人物评价,则仍旧说。向秀、郭象继承王、何之旨，发明外王内圣之论。内圣亦外王，而名教乃合于自然。外王必内圣，而老、庄乃为本，儒家为末矣。故依向、郭之义，圣人之名（如尧、舜等）虽仍承炎汉之旧评，圣人之实则已纯依魏晋之新学也。

虽然，考《庄子》之书，旧评之与新学似有牴牾，不可不察也。老、庄绝圣弃知，鄙薄仁义，毁弃礼乐，而不满于尧、舜、禹、汤、孔子之论，尤常见于庄生之书。然则欲阳存儒家圣人之名，而阴明道家圣人之实者，文义上殊多困难，必须加以解答。依《庄子》郭注，其解有二。一为方法之解答。一为理论之解答。

方法之解答为何？寄言显意之义是矣。魏、晋之际，言意关系问题之讨论甚盛。其说约有三。一、言不尽意（语出《周易·系辞》）。当代之士，"通才达识，咸以为然"（欧阳建《言尽意论》，《艺文类聚》十九）。二、言尽意。欧阳坚石主之，东晋人士，如王茂弘尝道之（《世说》）。三、王辅嗣注《易》反对汉人象数之学，乃申引《庄子·外物篇》之言，称言以尽象，得象则忘言。象以尽意，得意则忘象。因言之所明者象，若已得象，应不存言。象之所表者意，若已得意，应不存象。犹蹄者所以在兔，得兔则忘蹄。筌者所以在鱼，得鱼者忘筌(《易例·明象章》)。此说介乎上二说之中。一方主"尽意莫若象，尽象莫若言"。一方主因言象者象意之代表，故"得意在忘象，得象在忘言"。因此言象非不可用，要唯能得其所表者与否。若滞于文义而不得其所表，则失之远矣。郭象注《庄》，用辅嗣之说。以为意寄于言，寄言所以出意。人宜善会文意，"忘言以寻其所况"（《逍遥游》注）。读《庄子》者最好方法，要当善会其旨归，而不滞文以害意。《庄子》辞多不经，难求其解。然齐谐志怪之言，不必深求。支通通《逍遥游》曰："庄子建言大道，而寄旨鹏鷃。"（由此可见，道林注《庄》亦采子玄之法）鹏鷃之状，无须曲与生说。但当录其论大道之意，乃不害其弘旨。至若书中毁圣贤之处，子玄力言均当善会其义，而不必滞于文。故曰："夫庄子推平于天下，故每寄言以出意，乃毁仲尼，贱老聃，上掊击乎三皇，下痛病其一身也。"（《山木》注，一身谓庄子）按寄言之说郭注用以解书中不经处甚少。而用之以释绝圣弃知处则其例甚多（兹不赘述）。是此种读《庄》方法，谓因欲解答上述圣人名实问题，而子玄乃用之，固亦可也。

理论之解答为何？圣人之迹之义是矣。圣人者有内有外，有本有末。外末者圣人之迹，内本者圣人之所以迹。圣人举本统末，真体起用。废体而存用，则用非其用。忘本而逐末，则本失其真。必不可也。故曰，所以迹为"父"（《天地》注）为"真性"（《天运》注）。迹为"容"（外表也，《天地》注）为"名"（《在宥》注）。徒彰其名，仿佛其容，而忘父，忘真性，必不可也。夫圣人神于齐物，故应为帝王。《齐物论》言无心。循顺自然，玄同彼我。与物无对，任而不助。旷然无累，与物俱化，而无所不应。（一）与物俱化，则任天下之自能，而各当其分，放万物之自尔，而各反其极。所谓圣人无心，与物冥也。（二）无所不应者，因时变不一，故感应无方。无成见，无执着。务自来，而理自应。随其分，故所施无常。所谓圣人无心，随感而应也（上文多出《齐物论》注）。"物有自然，理有至极，循而直往，则冥然自合。"此谓与物冥，则随感而应也。与物冥者，与变化为一。随感应者，因物之自行。与变化为一，则无所不忘，而忘其所以迹（《大宗师》注）。因物之自行，非有心以扇仁义之风，故亦可曰圣人无迹（《让王》注）。虽然，圣人固可谓无迹矣。"顾自然之理，行则影从，言则响随。顺物而遗名迹，而名迹自立。"（《德充符》

注）非为仁，而仁迹行。非为义，而义功见（《骈拇》注）。举本统末，固未尝无末。真体起用，而未尝无用。然世人则仅见其外用，而昧于内体。徒见仁义之迹，而忘其所以迹。忘其所以迹，则拘拘于圣人之名，彰扬圣人之迹，以号召天下。弊弊然伤性，哼哼然乱国。而不知其所效法追求者，仅虚影空响耳。今夫圣王以下之治天下也，乃以迹求治，而忘圣人之所以迹也。夫如是，则离体言用。离体之用，则所谓用者非用也，直死物耳，假象耳。与圣人之真性无干也。（一）迹者死物，乃前人所遗留。时移势异，礼法宜变，礼法不适时，则已去之物，非应变之具（《胠箧》注）。由此背今向古，舍己效人。胡能随感而应耶？（参看《释文》引《胠箧》向秀注首二段，正具此意。）（二）迹者假象，乃事功之可见者。夫与物无对，泯然与天下为一，任物之自明，付人之自得。若不任自然，而画地设禁，使人从己，则胡能与物冥耶？（《人间世》注）夫舍己效人，则逐物而丧真。使人从己，则作伪而好知。日日言法圣人，而忘圣人之所为圣人也。于是仁义之途，是非之端，纷然为大盗所利用。六经之文，古圣之名，俨然为奸雄所表章。此岂真圣人之过哉？用之不得其人耳。《释文》引向子期《胠箧篇》注曰，"苟非其人，虽法无益"，正指此也。

　　由上所述之义言之，庄子绝圣弃智之言，盖可解矣。庄子毁仲尼，鄙仁义，均斥常人之弃本逐末，舍己芸人者耳。其论及尧、舜、汤、武，固只寄言出义，而未尝有毁之之意也。夫尧、舜、汤、武者，非徒帝王之名，亦必有其神人之实也（《逍遥游》注，参看《在宥》注）。必须内为神人，乃外为圣人。无神人之实，而求法圣人之迹（此即不崇自然，而空谈名教），则未尝可治天下也。故郭注圣人之迹一义，固与内圣外王说一贯也。

虽然，犹有疑问也。由上所言，尧、舜有神人之实，而天下治，则自为内圣外王。至若孔子有神人之实，而不居帝王之位，则胡能为圣人乎？此难，郭注想必用素王之义以释之。《天道篇》注曰："有其道为天下所归而无其爵者，所谓素王自贵也。"夫圣人则天行化，与物无不冥（《德充符》注云，仲尼非不冥也）。虽无其爵，而能体化应务，则亦圣王也。郭子玄曰："圣人常游外以弘内，无心以顺有。故虽终日挥形，而神气无变。俯仰万机，而淡然自若。"此乃陈述内圣外王之道，而意亦指仲尼也。又此注系释孔子答子贡之言，见于《大宗师》。夫大哉孔子，固天下所宗师，而应为帝王者也。

（原刊于1940年《国立北京大学四十周年纪念论文集》）

谢灵运《辨宗论》书后

谢康乐具文学上之天才,而于哲理则不过依傍道生,实无任何"孤明先发"之处。惟其所著《辨宗论》(在《广弘明集》中),虽本文不及二百字,而其中提出孔释之不同,折中以新论道士(道生)之说,则在中国中古思想史上显示一极重要之事实。似不能不加以表章,然此事牵涉颇广,今仅能略发其端耳。

《辨宗论》者旨在辨"求宗之悟",宗者"体"之旧称,"求宗"犹言"证体"。此论盖在辨证体之方,易言之即成佛之道或作圣之道也。此中含有二问题:一、佛是否可成,圣是否可至;二、佛如何成,圣如何至。

世传程伊川作《颜子所好何学论》,胡安定见而大惊。伊川立论为安定赏识者果何在,颇难断定。但伊川意谓此学乃圣人之学,而好学即在成圣人也。夫"人皆可以为尧舜"乃先秦已有之理想。谓学以成圣似无何可惊之处。但就中国思想之变迁前后比较言之,则宋学精神在谓圣人可至,而且可学;魏晋玄谈盖多谓圣人不可至不能学;隋唐则颇流行圣人可至而不能学(顿悟乃成圣)之说。伊川作论适当宋学之初起,其时尚多言圣人可至而不能学。伊川立论反其所言,安定之惊或亦在此。

而谢康乐之论成于晋亡之后，其时正为圣人是否可至、如何能学问题争辩甚烈之时，谢侯采生公之说，分别孔释，折中立言以解决此一难题，显示魏晋思想之一转变，而下接隋唐禅门之学，故论文虽简，而诏示于吾人者甚大也。

谓圣人不可至不能学，盖在汉代已为颇流行之说。《汉书·人表》称"生而知之者上也"，而圣人则固居于上上，《白虎通》王者"虽有自然之性，必立师传焉"（《辟雍》），《论衡》载儒者立论"圣人不学自知"，贤者所不及，盖"圣人卓绝与贤者殊也"（见《实知篇》）。此说与谶纬神仙有关。王充虽不信儒者所论，但亦尝言圣凡均因"初禀"，又虽谓圣可学，但神则不可学，此所谓神略当道术之仙，嵇康已谓仙人"非积学所能致"（《养生论》），而读《抱朴子》已见仙人禀异气，仙人有种诸说。至若玄学则当推王弼、郭象为领袖，王辅嗣著论曰"圣人茂于人者神明也"，郭子玄注《庄》曰"学圣人者学圣人之迹"。引申二公之说，自可及圣人不可学不能至之结论。盖玄学者玄远之学，谈玄远之与人事本出于汉代天人之际（何平叔誉王辅嗣"可与言天人之际"）。大体言之，在魏晋之学"天"为"人"之所追求憧憬，永不过为一理想。天道盈虚消息永为人力所不能挽（清谈人生故归结常为无可奈何而安之若命）。圣道仰高钻坚，永为凡人之所不能及。谓圣人既不能学，自不可至，固必为颇风行之学说也。

《辨宗论》曰："孔氏之论，圣道既妙，虽颜殆庶。"盖谓儒家立义凡圣绝殊，妙道弥高弥坚，凡人所不能至，即颜回大贤亦殆几为圣人，而固非圣人也。

世言玄学出于老庄，而清谈者固未尝自外于儒教，故其说经，常见圣人不可学且不能至之理论。《论语集解》皇疏集魏

晋玄谈之大成,其《学而第一》下疏曰:

> 言降圣以下皆须学成。

夫《法言》《学行》第一,《潜夫论》《赞学》居首,均明言圣人可学而至。皇疏于《论语》开宗明义所言,依全书陈义观之,则圣固不与于学成之列。道家本主绝圣弃智,而经玄学家之引申则谓圣人卓绝与凡人殊类也。圣人既不可学,然《学而》乃居第一者,盖所以劝教,所以勉励凡人也。故《志学章》疏曰:

> 此章明孔子隐圣同凡……皆所以劝物也。

又引李充曰:

> 诱之形器,为教之例,在乎兹矣。

又引孙绰曰:

> 勉学之至言。

此与《中人以上章》疏曰:

> 圣人不须教也。

《我非生知章》疏曰:

> 孔子谦以同物,自同常教。

盖同依寄言出意之原则以解经。经中虽常言学,而意在劝教,若圣人则固非学能也。

又王辅嗣以下多主圣人知几故能无过,贤人庶几只不二过,《论语》谓颜子不迁怒不二过,盖明示其天分仅止于大贤(亚圣),故此章皇疏曰:

> 云不迁怒者,此举颜回好学分满,所得之功也。

据此,颜子好学,其所得者只庶几为圣而终不及圣。观乎此类言论,则伊川著论谓颜子学为圣人,不诚为可惊之说乎?颜子既分只大贤,则《论语》载其言仰高钻坚亦因之而甚易了解。盖颜子虽好学而自知其分际,凡圣悬隔,非可强致,故晋代玄学名家孙绰曰:

> 夫有限之高,虽嵩岱可陵,有形之坚,虽金石可钻……绝域之高坚,未可以力致也。(参看皇疏五并引江熙之言)

《思不如学章》皇疏曰:

> 夫思而后通,习而后能者,百姓皆然也……故谓圣人亦必勤思而力学,此百姓之情也,故用其情以教之。

此盖引郭象之言,子玄之意谓经虽明言孔子亦学,但意亦在劝教,百姓虽须学,但圣人固无所谓学,此章盖亦方便立言,非谓圣人因学而至也。

【附注】前年与友人冯芝生先生谈圣人不可学致乃魏晋之通说，冯先生疑之，并引《庄子·大宗师》七日九日之文，而谓既有阶级则自须学。但郭象注庄名家，据上文则因谓圣人与百姓不同〔郭氏对此整个学说为何兹不具述〕。而魏晋人注疏，亦不似现代系统论文之分析详尽。实则学有阶级与圣非学至并不冲突。盖学固可有阶级，而圣则卓绝居阶级之外也。此本为当时之一问题，《辨宗论》问答中已经提出。

《辨宗论》曰："释氏之论，圣道虽远，积学能至。"盖释教修持，目标本在成佛（或罗汉），而修持方法择灭烦恼循序渐进。小乘之三道四果，大乘之十住十地，致圣之道似道阻且长，然其能到达目标固无疑也。佛教自入中国以后本列于道术之林，汉魏间仙是否可学亦为学者聚讼之点，晋《抱朴子》论之甚详，葛洪本意则认为成仙虽有命，但亦学而能至。由汉至晋佛徒亦莫不信修炼无为必能成佛也。实则如不能成佛，绝超凡人圣之路，则佛教根本失其作用。汉晋间释氏主积学至圣，文证甚多，但姑不征引。

总上所言，汉魏以来关于圣人理想之讨论有二大问题：（一）圣是否可成；（二）圣如何可以至。而在当时中国学术之二大传统立说大体不同，中国传统（谢论所谓孔氏）谓圣人不可学不可至；印度传统（谢论所谓释氏）圣人可学亦可至。学术界二说并立相违似无法调和，常使人徘徊歧路堕入迷惘，故《世说新语·文学篇》曰：

佛经以为袪练神明则圣人可致（此叙印度传统），简文云，不知便可登峰造极不？（此似据中国传统立说不同而生疑）然陶练之功尚不可诬。

二大传统因流行愈久而其间之冲突日趋明朗。学人之高识沉思者，自了然于二说之不一致，故简文发问疑之于前，康乐作论明示于后。而在此时亦正因佛经一阐提成佛义出而争论极烈。印度佛教本有立种姓义者，依此义则超凡入圣亦可谓有不可能。晋末六卷《泥洹经》出，乃明载一阐提不能成佛之说，印度传统中乃起一异说，但竺道生精思绝伦，"孤明先发"，根据法体之贞一（《辨宗论》谓理归一极），力驳此说之妄伪。谓佛性乃群生之真性，一阐提乃属群生，何得独无佛性。一阐提既同具佛性自得成佛，故当东晋末叶印度传统中有一部分人士违背圣人可学可至之宗义，经道生精辟之立张，加以《涅槃》新经之明证，而印度立说乃维持其原来所立之宗义。晋末因印度传统既生波动，而整个问题（即上述之两项）益为学人所注意，竺道生大顿悟义原在求本问题之总解决。谢灵运《辨宗论》述其旨，立言简要，拈出二大传统之不同，而建树一折中之新义。关于整个问题之解决或可分为四句：

一、圣人不可学不可至，此乃中国传统。

二、圣人可学可至，此乃印度传统。

三、圣人可学不可至，此说无理不能成立。

四、圣人不可学但能至，此乃《辨宗论》述生公之新说，所谓"闭其累学""取其能至"是也。

梁释僧旻曰"宋世贵道生，顿悟以通经"，盖一阐提成佛乃经中之滞义，生公立大顿悟本为此滞疑之解决，而且魏晋学术之二大异说亦依此而调和，则生公之可贵岂独在通经耶？抑亦在将当时义学之迷惘一举而廓清之也。

竺道生曰，成佛由于顿悟，谢康乐曰，得道应需慧业，故成圣者固不由学也。然谓圣人能至而不可学。欲知其立说之由来，亦当明了魏晋学人之所谓学果含何义。当时学字之意义，实应详加研讨，大要言之，相关之意义约有四：

一、学者乃造为。道家任自然无为无造。鹤胫虽长断之则悲，凫胫虽短续之则忧。玄学弃智，用人之聪明为其所不取。王弼曰"智慧自备为则伪也"，郭象曰"任之而理自至"。夫"学"者即谓有所欲为，则圣人德合自然，应不能学，此其一。

二、"学"者效也，乃由教，由外练。《论语集解》何晏曰"学自外入"，皇疏引谬协曰"学自外来，非复内足"。夫圣人神明自茂，反身而诚。故皇疏三有曰"圣人不须教也"。《涅槃集解》引僧亮（刘宋初人）曰"无师自悟是觉义"。佛本大觉，应无所谓学，此其二。

三、学者渐进，累积而有成。孔子"志学""而立"之差，佛家十地四果之阶，均以示学之程序。鸠摩罗什曰"能积善果功自致成佛"。然理归一极，法本无妄，以不可妄之法，不可分之理，而谓能渐灭虚妄，由分至全者，是不通之论。是则证体成佛自须顿得，不容有阶差，自亦无所谓学，此其三。

四、学者由于不足。不自足乃有所谓学。然王弼曰物皆得一以成，则群有均不离道，郭象曰物皆适性为逍遥，则万物本不假外求。然则众生本皆自足，人皆可圣，亦不需学，此其四。

综上四者，圣人不须教，佛为无学道，则作圣成佛果何因乎？竺道生乃提出顿悟学说，其说余已别详，兹姑不赘。当时学说之二大传统依上所陈各有是非：中国传统谓圣不能至固非，而圣不能学则是。印度传统谓圣可至固是，而圣能学则非。

　　生公去二方之非，取二方之是，而立顿悟之说，谓圣人可至，但非由积学所成要在顿得自悟也。自此以后，成圣成佛乃不仅为一永不可至之理想，而为众生均可企及之人格。神会和尚曰："世间不思议事为布衣登九五，出世间不思议事为立地成佛。"实则成佛之事，在魏晋玄谈几不可能，非徒不可思议也。自生公以后，超凡入圣，当下即是，不须远求，因而玄远之学乃转一新方向，由禅宗而下接宋明之学，此中虽经过久长，然生公立此新义实此变迁之大关键也。

　　康乐承生公之说作《辨宗论》，提示当时学说二大传统之不同，而指明新论乃二说之调和。其作用不啻在宣告圣人之可至，而为伊川谓"学"乃以至圣人学说之先河。则此论在历史上有甚重要之意义盖可知矣。

（原刊于1946年10月23日天津《大公报》文史周刊第2期）

魏晋思想的发展

在讨论魏晋思想的发展以前，首先要申明的是：这儿所谓"魏晋思想"，是就这个时代的"普通思想"或"一般思潮"来说，虽然哲学理论在此中甚关重要，但现在并不打算作专门的探讨；再，我仅仅要来讲明这个"时代思潮"发展的经过，事实上只能提出些大的结论，因为此种结论的前提或考证，牵涉太多，这中间各方面复杂的关系，不是在这短时内所能说明的，所以只得从略了。

讲到魏晋时代的"普通思想"，它在某些方面可以有跟别的时代相同的地方，但是本文特别注意的不是这些方面，反而却自魏晋时代不同于别的时代的地方着眼，换句话说，即在讲明魏晋时代所以成为魏晋时的思想。其他只好不谈。关于"魏晋思想的发展"，根据问题的性质，随同论证的转移，为了说明的方便，分以下三大段来讨论。

一、魏晋时代思想的成分

这个时代，各派思想同时进行不同的组合，要对于这些的面目都有清楚的认识，那是难的。好在这里只提出那主要的"潮流"来讨论，也就是选取那足以代表这"时代思想"的成分来讨论，看它们彼此消长的情势，再进一步推论这个思潮如何生成与发展的意义。讲到魏晋时代思想特别成分，当然要涉及外来宗教的侵入，或印度佛教的流布。因此这种因素，此后在思想界发生了重大的影响。普通又多称这个时代我国思想的主潮是"玄学"。那么可以成为问题的就是：（一）玄学的产生是否受佛学的影响？（二）魏晋思想在理论上与佛学的关系如何？——或是这种外来的宗教何以能为中华人士所接受？要回答上面的两个问题，我们非得先明了魏晋时代特有思想（玄学）生成和发展不可。这样，必须等本文写到最后部分时再行答复。

魏晋时代思想界颇为复杂，表面上好像没有什么确切的"路数"，但是，我们大体上仍然可以看出其中有两个方向，或两种趋势，即一方面是守旧的，另一方面是趋新的。前者以汉代主要学说的中心思想为根据，后者便是魏晋新学。我们以下不妨简称"旧学"与"新学"的两派。"新学"就是通常所谓玄学。当时"旧学"的人们或自称"儒道"……其实思想皆是本于阴阳五行的"间架"，宇宙论多半是承袭汉代人的旧说；"新学"则用老庄"虚无之论"作基础，关于宇宙人生各方面另有根本上新的见解。

汉朝末年，中原大乱，上层社会的人士多有避难南来，比较偏于保守的人们大概仍留居在北方。所以"新学"最盛的地方在荆州和江东一带，至于关中、洛阳乃至燕、齐各处，仍是"旧学"占优势的地方。后来曹操一度大军南下，曾带领一部学者北归，于是荆州名士再到洛下。但是不久，因为这般人很不满意曹氏父子的"功业"，意见不投，多被摧残。此后司马氏又存心要学曹家篡夺的故伎，名士更多有遇害的。但在这时节，北地"新学"已种下深根，因此"玄学"的发祥地实在北方，虽然再后因为政局的不宁和其他关系，名士接踵不断地南下，但也并不因此可以说北方根本没有"新学"了。要到西晋以后，"新学"乃特盛行江左。这样，晋朝末年的思想，南北新旧之分，真可算判然两途了。因此南朝北朝的名称，不仅是属于历史上政治的区划，也成为思想上的分野了。这种风气的影响不仅及于我国固有学术的面目，就是南北佛教因为地域的关系也一致地表现了不同的精神。最后，北朝统一中国，下开隋唐学术一统的局面，因此隋唐的学风尚是遵循北朝的旧辙，不过也受了南朝思想的洗礼，看出来影响是不小罢了。所以魏晋时代思想的成分，无论"新""旧"哪方面造成的后果，在我国思想史上，都是极重要的。

二、魏晋玄学之发生与长成

从上段讲来，我们可以明白魏晋时代特有的思想，即所以成为魏晋时代者，当然是前节所谓"新学"的一方面了。现在准备更进一步地来说明这种"新学"如何发生与长成的事实。我不打算从历史上实际政治的影响等去分析这个时代的背景，当作思潮发生的原因，却想专就这个"思潮"的本身来试行解剖，魏晋时代"一般思想"的中心问题为："理想的圣人之人格究竟应该怎样？"因此而有"自然"与"名教"之辨。

汉代学者多讲所谓"天人相应"之学，其时特别注重"天道"的著作，如扬子云的《太玄》，桓谭说："扬雄作玄书（《太玄》），以为玄者天也道也，言圣贤制法作事，皆引天道以为本统，而因附属万类王政人事法度。……"（《后汉书·张衡传》注）此外，汉以前的书，《周易》最言"天道"，所以汉末谈"天道"的人们，都奉《易经》作典要，其实"魏晋玄学"早期所推重的书，又何尝不是《周易》呢？因为那时《周易》是"正经"，《老》《庄》才不过是"诸子"罢了。

说到三国时的《易》学，按照地域思想的不同，我想大略可分三项：

（甲）江东一带，以虞翻、陆绩等人为代表。

（乙）荆州，以宋忠等人为代表。

（丙）北方，以郑玄、荀融等人为代表。

就中荆州一派见解最新，江东一带也颇受这种新经义的影响，北派最旧，大多传习汉儒的"象数"。当时讲《易经》的又多同时注意《太玄》。宋忠对扬子《太玄》《法言》两书，素称名家。虞翻、陆绩辈既是《易》学专门，也都诵习《太玄》，可以为证。何晏、王弼史书推论他们是玄宗之祖，两人皆深于《易》学，更是不用说了。相传何晏与管辂讨论过《易》学（见《三国志·管辂传》），荀融作文反对王弼的新说。按王弼是王粲的侄孙，王粲曾为刘表重视，据云并有驳斥郑康成旧说的事，王弼实际就是上承荆州一派《易》学"新经义"的大师，荀氏又属当时汉《易》的世家，由此可见，这时《易》学各派相互情势的大概了。

此外，约在魏文帝的时候北方风行的思想主要的是本于"形名之学"（形名或作刑名，省称名家），即特别偏重于人事政治方面（名教）的讨论。这个"名家"的根本理论是"名实之辨"，所以跟传统儒家与法家的学说，均有可以相通的地方，因为儒家讲"正名",法家也论"综核名实",问题的性质都很接近。又按名家之学本是根源于汉代的政治思想,人君有最大的两种任务:第一是要设官分职,安排官职恰如应有之位分,使"名实相符"。第二是人君应有知人之明,量才授官,认得如何样的人能做如何样的事。这样汉代月旦人物的流风,即是对于人物的评论,叫作"名论",又叫作"名目",所有政治上施设,都系于职官名分的适宜,人物名目的得当,这是致太平的基础,此与礼乐等总称之曰"名教"。照那种政论推论下来,人君在上须是能够观照全体;臣民在下,职务应该各有其分。君主无为,臣民有为,因为人君果能设官分职,官当其分,量才授职,人尽所能,此外他便没有个人特别的任务,此即所谓"无为而无不为",如是即"垂拱而治"了。人君要能够这样,当时便说是合乎"道"或"天道",故可以说人君是"道体",并以"配天"。臣下只是各得其分,各尽所职,便谓是"器"或"形器",又可以说是"器用"。这在表示功能各有不同。《易经·系辞》说:"形而上者谓之道,形而下者谓之器。"这句话中"形上"与"形下"的分别,在当时便有如此的解说。根据前人的记载,汉末三国时学者,多作有所谓"道德论"的文章,我们参照别方面的意见,可以明了他们当时所谓"道德",跟现在一般人通常所了解的含义不相同,一方面范围较广,再则"道""德"二字尚属相对并称,不像目前连用作一辞。如王弼注《老子》据说分"道经"与"德经",可以为例。讨论的问题也就是"天人之际",如《世说·文学篇》载有这样一段故事,说:"何平叔(晏)注老子始成,诣王辅嗣(弼),见王注精奇,乃神伏曰:若斯人可与论天人之际矣,因以所注为道德二论。"这所谓"道德论"讨论的即是"天人之际",也可以同上面的解释一致,即是说人君为"道"

配"天",臣下有"德"为"人","道德"两字在意义上等于"天人",故"天""道"不可名状,"人""德"可以言说。《老子》书言:"道可道,非常道;名可名,非常名。"这话固然有其形上学的解释,但是人君合乎道,百姓与能,臣民分职,各具德性,所以人君无名无为,臣民有名有为,《老子》开始的两句也可牵合于政治,形上学原可作政论的基础,即在思想上本可拉在一起。因此在理论上,当时的"形名之学",不仅是跟法家、儒家有关,且与道家相通了。所以名家后来竟变成道家。王弼的思想就是一个好例。君主与臣下的关系,如上所述,在理论上,即是"道"与"器"的对立,"天、人""道、德"的不同,乃至"常道""可道""有名""无名"的分别也可以这样去解释。概括地说,不就是"名教"与"自然"之辨的问题吗?因为人君的"用"在行"名教"来治理天下,而以"天道"或"自然"去配比"君德",这样,君体"自然",也就是以"自然"为"体","名教"为"用"了。我想魏晋时代道家之学兴起的主要原因,在思想的本质上大略是如此。

"名家"之学的中心思想重在"知人善任"。因为汉朝政府用人是采取"察举之制"的,社会上的"名目",即是一般人的"评论",早成为进身的阶梯、做官的捷径了。但是对于人物的批评是很难的,往往"差若毫厘,谬以千里"。因为有的看来平庸,实在有才能,也有真是"大智"倒像愚人似的。所以"相人"应该注意到他的全面,重神而不重貌,有时实在"可以意会,不得言传"。这样,当时便流行一种所谓"言意关系"的讨论,好些人并常提出不同的见解,其中"得意忘言"之说后来发生重大影响,进一步,应用这个原理评判一切,而当代思想的大问题——"自然与名教之争"也依之"裁判"了。因为体"自然"

者才可以得意，拘于"名教"者实未尝忘言。王弼解《易》主张"得意"，他在《略例·明象章》说："夫象者出意者也，言者明象者也……是故存言者非得象者也，存象者非得意者也。"王弼采取这一个新的办法，就是用"寄言出意"的理论作根据，鄙视汉代"象数之学"，抛弃阴阳五行等旧说的传统，我国学术由此而发生重大的变化，王弼因此奠定魏晋"新学"（玄学）的基础。

根据以上所说，可知"新学"（玄学）的生成有两个主要因素：（一）研究《周易》《太玄》等而发展出的一种"天道观"；（二）是当代偏于人事政治方面的思想，如现存刘邵《人物志》一类那时所谓"形名"派的理论，并融合三国时流行的各家之学。上述二者才是"玄学"所以成为魏晋时代特有思想的根源。而"自然"与"名教"之辨以至体用本末的关系，以及"最理想的圣人的人格应该是如何"的讨论，都成为最重要的问题、"新学"的骨干了。因为上接《周易》《太玄》的思想，下合名、法、儒、道各家，都以这个问题作线索贯串起来的，也可说"新学"之所以能成为"新学"的创造部分，就在对这问题探讨的成绩所给予过去各家学术思想一个新的组合，或构成了某种新的联系使魏晋时代的思想表现特殊的精神。"新学"人们的结论是圣人方可以治天下，所谓"圣人"者，以"自然"为体，与"道"同极，"无为而无不为"。这种"圣人"的观念，从意义上讲，便是以老庄（自然）为体，儒学（名教）为用。道家（老庄）因此风行天下，魏晋"新学"（玄学）随着长成了。

三、魏晋思想的演变

三国以来的学者，在"名教"与"自然"之辨的前提下，虽然一致推崇"自然"，但是对于"名教"的态度并不完全相同。我们此刻不妨把一派称作"温和派"，另一派名为"激烈派"。前者虽不怎样特别看重"名教"，但也并不公开主张废弃"礼法"，如王弼、何晏等人可为代表。他们本出于礼教家庭，早读儒书，所推崇而且常研习的经典是《周易》《老子》。后派则彻底反对"名教"，思想比较显着浪漫的色彩，完全表现一种《庄子》学的精神，其立言行事像阮籍、嵇康等人可为好例。西晋元康年间（291—299），"激烈派"在社会各方面发生较大的影响，流为风尚，以后一般人多痛心那批"效颦狂生"的行径，忘本逐末，"放"而不"达"。因此对于"温和派"的精密思想体系也多误认为完全蔑弃"名教"了。其实当代名士对于"激烈派"的种种行为也有表示不满意的，例如乐广，《晋书》本传载："是时王澄、胡毋辅之等皆以任放为达，或至裸体者，广闻而笑之曰：名教内自有乐地，何必乃尔！"乐广这种感慨是说名教本合乎自然，其中自有乐地，弃名教而任自然，是有体无用，也是不对的，所以乐令公（广）的话并不是特别推崇"名教"，其思想还是本于玄学。再如裴頠，后人说他是"深患时俗放荡"，作《崇有论》"以释其弊"（详《晋书》本传）。然其理论更是玄学的，大意在说不可去"有"以存"无"，弃"用"来谈"体"。史书载称裴頠本是善谈"名理"的人，即可表示他是正统的玄学家，因为玄学的理论，原是上承魏初"名家"思想变来的。晚期戴逵作有《放达为非道论》，我想还是"温和派"思想影响下的余波。

向秀、郭象二人，确是这个时代杰出的人才，他俩的《庄子注》可算玄学中第一等名作。但是他们的思想，实是上承王（弼）何（晏）等人"温和派"的态度，不过在理论的体系上，王、何"贵无"，向、郭"崇有"，形上学的根据方面有些两样罢了。因为向（秀）郭（象）两人也是主张"自然"同"名教"不是冲突或对立的。但是《庄子》书中好些字面上诋毁"孔儒"的话，来作反驳"名教"的口实。向、郭就是想加以矫正，给《庄子》这书一个新的解释，应用"寄言出意"的理论，从根本上去调和孔老（或儒道）两家的冲突，即是进行取消"自然"与"名教"的对立。向、郭这种用意，在他俩的《庄子注》中随处可见，我想不用特为引证了。谢灵运在《辨宗论》上有句话，说"向子期（秀）以儒道为一"，指的正是。《世说·文学篇》谓："初注《庄子》者数十家，莫能究其旨要，向秀于旧注外为解义，妙析奇致，大畅玄风。"《晋书》本传竟说他的《庄子注》出世，"儒墨之迹见鄙，道家之言遂盛"了。我想当时放任派的人，自以为有契于庄生，因而《庄子》一书几成为不经世务不守礼法者的经典；但向郭《庄子注》上承王（弼）何（晏）等人温和派的态度，对于《庄子》，主张齐一儒道，任自然而不废名教，乃当时旧解外的一种新的看法。他们这个创见，以《庄子注》中圣人观念为焦点；他们推尊孔子为圣人，发挥"自然"与"名教"不可分离的思想。郭象在他的《庄子注》中说明本书的宗旨是"明内圣外王之道"，"内圣"就是要顺乎"自然"，"外王"则主张不废"名教"，主张"名教"合乎"自然"，"自然"为本为体，"名教"为末为用。虽然不废名教，但"名教"为末,故《庄子注》仍是"大畅玄风",而儒墨之治天下,有用无体。徒有其迹而忘其所以迹,故《庄子注》出而"儒墨之迹见鄙,道家之言遂盛"了。

西晋末叶以后,佛学在中国风行,东晋的思想家多属僧人,但是这种外来的印度宗教,何以能在我国如此的发达,说者理由不一。我看其中主要的原因,多半是由于前期"名士"与"名僧"的发生交涉,常有往来。他们这种关系的成立,一则双方在生活行事上彼此本有可以相投的地方,如隐居嘉遁,服用不同,不拘礼法的行径,乃至谈吐的风流,在在都有可相同的互感。再则佛教跟玄学在理论上实在也有不少可以牵强附会的地方,何况当时我国人士对于佛教尚无全面的认识,译本又多失原义,一般人难免不望文生解,当时佛学的专门术语,一派大都袭取《老》《庄》等书上的名辞,所以佛教也不过是玄学的"同调"罢了。故晋释道安《鼻奈耶序》上说:"以斯邦(中国)人《老》《庄》教行,与方等经兼忘相似,故因风易行也。"实是当时事实的真相。说到这个时代的佛学,早期最流行的是"般若"的研究,根本的思想是"二谛义",讲明"真谛"与"俗谛"的关系,这个分别与中国本末体用之辨相牵合;再则"法身"的学说也颇重要,相传古《楞严经》在那时前后总计有七次到九次的翻译,大概系因为这书特别论到"法身"罢。此后到西晋末年,《涅槃经》的学说接着大为风行,还是发挥上述一贯的思想,这些"二谛""法身"诸义,讨论圣人"人格"的问题,而同时为"本体论"的追究,佛学给予玄学很丰富的材料,很深厚的理论基础。若论佛学与其他思想的争论,或"内学"与"外教"的关系,其主要问题还是"自然与名教之辨",乃至"圣"

与"佛"的性质各是如何？按印度佛教原本是一种出世解脱道，换句话说，即是"内圣"不一定要"外王"。晋朝末年因受这种外来宗教的影响，对于理想上"圣人的观念"也有改变，如慧远在《论沙门不应敬王者书》上说"不顺化以求宗"，即"体极"者可以"不顺化"，"自然"与"名教"之所以又行分途，佛学于此，关系也颇重要。

现在我要回到本文第一段所提出的两个问题：即：（一）玄学的产生是否受佛学的影响？（二）魏晋思想在理论上与佛学的关系如何？我的意见是：玄学的产生与佛学无关，因为照以上所说，玄学是从中华固有学术自然的演进，从过去思想中随时演出"新义"，渐成系统，玄学与印度佛教在理论上没有必然的关系，易言之，佛教非玄学生长之正因。反之，佛教倒是先受玄学的洗礼，这种外来的思想才能为我国人士所接受。不过以后佛学对于玄学的根本问题有更深一层的发挥。所以从一方面讲，魏晋时代的佛学也可说是玄学。而佛学对于玄学为推波起澜的助因是不可抹杀的。

总上所说，关于魏晋思想的发展，粗略分为四期：（一）正始时期，在理论上多以《周易》《老子》为根据，用何晏、王弼作代表。（二）元康时期，在思想上多受《庄子》学的影响，"激烈派"的思想流行。（三）永嘉时期，至少一部分人士上承正始时期"温和派"的态度，而有"新庄学"，以向秀、郭象为代表。（四）东晋时期，亦可称"佛学时期"。我们回溯魏晋思潮的源头，当然要从汉末三国时荆州一派《易》学与曹魏"形名家"言的综合说起，正始以下乃至元康、永嘉以迄东晋各时期的变迁，如上面所讲的，始终代表这时代那个新的成分一方面继续发展的趋势。前后虽有不同的面目，但是在思想的本质上确有一贯的精神。魏晋时代思想之特殊性，想在乎此。

（原刊于1947年7月《学原》第1卷第3期）

魏晋玄学讲课提纲

第一章

绪　论

一、玄

意义。

1. 玄妙、玄远。

"阮嗣宗……言皆玄远,未曾臧否人物。"

安玄——常与沙门讲论道义,世谓之都尉玄。

2. 玄静、玄冥、玄远。

桓谭——老子其心玄远而与道合。

冯衍《显志赋》:"游精神于大宅兮,抗玄妙之常操。""常务道德之实,而不求当世之名。阔略杪小之礼,荡佚人间之事。"

玄默——人君以玄默为神。

3. 玄。

玄理。玄——天;玄——道。

荀粲"诸兄儒术论议各知名。粲能言玄远,常以子贡称夫子之言性与天道不可得而闻也。然则六籍虽存,固圣人之糠秕。能言者不能屈"。

扬雄《太玄》　　　　本体论
张衡《玄图》

二、玄学之兴起

本体论之玄出于宇宙论之玄——汉代阴阳家。

1. 观乎天文以察时变。

昭十七——申须曰,彗所以除旧布新也。……火出必布焉,诸侯 其有火灾乎?

昭三十二——吴伐越……史墨曰,越得岁而吴伐之,必受其凶。

邹子、齐学。

然要其归必止于仁义节俭,臣臣上下六亲之施,始也滥耳。

2. 董仲舒(儒)。始推阴阳,为儒者宗。

《淮南子》(道)。自然——气说

　　　　　　　易——九师说

天道——天——与人相副以类合之,天人一也。(董子)

人性——性生于阳,情生于阴。(《论衡》)

3. 特点。

(1)宇宙论。"天地之气,合而为一,分为阴阳,判为四时,列为五行。"(董子)

(2)天人感应。以类合之,天人一也。

(3)a. 自然(性);b. 影响(理)。

阳燧(舍),方诸(蛤),火上,水下,吉凶,人事。

(4)灾异——政事,人事。

(5)五德——制度。

(6)象——具体。如天久阴不雨(夏侯胜)。

京房长于灾变,各有占验。日蚀、又久青亡光、阴雾不精。

(7)不简单——每事一说。

（8）杂迷信（方术）而不合理。

4. 东汉学者之反动。

严遵、扬雄、桓谭、王充。

（1）易、黄老、庄周。

（2）抽象化；

简单化，乃由宇宙论进为本体论；

合理化。

（3）但，桓谭云："扬雄作玄书，以为玄者天也，道也，言圣贤著法作事，皆引天道以为本统，而因附属万类王政人事法度。"

张衡《思玄赋》："吉凶倚伏，幽微难明，乃作思玄赋。"《玄图》："玄者无形之类，自然之根，作于太始，莫之与先。"

王充《自然篇》："天地合气，万物自生，犹夫妇合气子自生矣。""施气不欲为物而物自为，此则无为也。谓天自然无为者何？气也。"

（4）魏晋玄学不但抽象化、简单化、合理化，而且取消实体（物）观念而逻辑化。

其变迁同古希腊由 Thales 至 Plato。异点在自然探讨。古希腊纯科学，后加伦理。

中国——玄静、玄理——天理——道

人道

君道

第二章

言意之辨

一、事实

二、理论

1. 书不尽言，言不尽意。（系辞）

中护军蒋济著论，谓观其眸子可以知人。（《魏志·钟会传》）嵇叔夜《声无哀乐论》："吾谓能反三隅者，得意而忘言。""言非自然一定之物，五方殊俗，同事异号，举一名以为标识耳。"

殷融著《象不尽意论》。

傅嘏善言虚胜，如论才性原本精微，鲜能及之。

支道林如九方皋相马。略其玄黄，取其俊逸。

2. 欧阳。

王茂弘。

3. 王弼。《易略例》《庄子·外物》，郭象《逍遥游》，又《山木》《知北游》《秋水》。

三、用

1. 解书大义之方法。杜预《左氏注》。

（1）玄与章句。

（2）冲突。

（3）合理化。

（4）cf. Philo. Allegorical method. 调和 between literal & spiritual（body & soul）meaning.①

2. 关于本体之理论。

再述前言：

（一）言不尽意。

（二）言尽意。

（三）王弼，寄言出意。

反象数。

本体之论证。

四、言意异说之功用

1. 解决玄言与章句之冲突。

（1）郭注不经之谈。（《逍遥游》）

（2）王弼《论语释疑·子见南子》。

（3）晋李充。

神凝者想梦自消。《列子·周穆王》

古之真人，其寝不梦。（《庄子·大宗师》）

圣人无想，何梦之有。

盖伤周德之日衰，哀道教之不行，故寄慨于不梦。

（4）李充。

子在回何敢死。

"圣无虚虑之悔，贤无失理之患，而斯言何兴乎？将以世

---

① 参看，在哲学著作中好用寄言的方法，调和文字和精神（身体和灵魂）之间的意义差异。

道交丧，利义相蒙，或殉名以轻死，或昧利以苟生……故发颜子之死对，以定死生之命也。"

（5）孙绰。畏匡。

"体神知几……安若泰山，岂有畏哉？然兵事险阻，常情所畏，故 圣人无心，以物畏为畏也。"

（6）支道林。

九方皋之相马。（《世说·轻诋》）

支遁传曰：遁每标宗举会，而不留心象喻，解释章句或有所漏，文字之徒多以为疑。

南北学之分。

2. 解决孔老之冲突。

（1）玄学家均孔学中人。

何晏《论语集解》《周易解》；

王弼《论语释疑》《老子注》《周易注》《周易略例》；

向秀《易向氏义》《庄子注》；

郭象《论语体略》《庄子注》；

嵇康《左氏音》。

王平子（澄）、胡毋彦国诸人皆以任放为达，或有裸体者。乐广笑 曰：名教中自有乐地，何为乃尔也。

形甚散朗，内实劲侠。（轻躁）

看戴逵《竹林七贤论》。

（2）何晏说老与圣人同。

荀粲：六籍圣人之糠秕。（何劭《荀粲传》）

郭象：六经圣人之陈迹。（《天运》）

皇侃：子贡：夫子之文章。

（3）反圣之言。

无梦　荷梦　皇疏 7，43b.

（4）郭注《逍遥游》《山木》。

cf. Philo.

3. 合理化。

反对象数。

互体不足等等。

统之有宗等等。

反对名相（相宗）。

故圣人崇本（？）。

弘赞理教，宜令允惬。法鼓竞鸣，何先何后？

名数之生，生于累著，可以造极而非其极。

4. 本体之论证。

《秋水篇》。

竺道生——象外之谈。

王弼。

第三章

崇本贵无

汉——孝弟为人之本。
　　　农本。
魏晋——本末之论大盛。
玄——文。
性天命——六经。
老子——孔子。
自然——名理。
理——事。
形器以上——形器以下。
体极——顺化。
佛道孰为本。
本无（reality）末有（phenomena）。

　　崇本贵无之理由：①因主张出世之动机；②因形而上学之理由；③因主张无为政治。
　1. 因主张出世。
　出世 The real world 崇无则忘累

此世 The phenomenal world 凭有而有欲

裴颜《崇有论》

周顗《答张长史书》

① 自保之道
② 神游之道
　（逍遥）嵇康
③ 放达之道
　　　　　} non-political

④ 圣人无心任自然 → political

2. 形上学之理由。

① Quest of original cause（determining factor）[①]

a. 天性、天命（王充，用气为性，性成命定），国命。

b. 无"故"但"偶"（not anthropomorphic）无为、自然。

c. imperial, final, ground。[②]

② 本质与性质

何晏《道论》

王注十四章（有体）

③ 简易（理）御繁

（静制动）

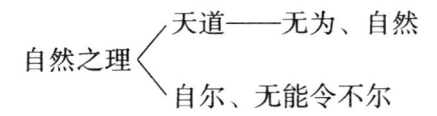

自然之理 { 天道——无为、自然
　　　　　　自尔、无能令不尔

④ 无体之体

3. 因主张无为政治。

黄老无为

---

① 寻求原始因（决定事实）。
② 威严的，最终的，基础。

何晏《景福殿赋》

体天作制，顺时主政……远则袭阴阳之自然，近则本人物之至情。（反民于太素）

王弼：圣人达自然之至，畅万物之情，故因而不为，顺而不施。（二十九章老注）

圣人明本，举本统末，以示物于极者也。（《论语释疑》）

圣王象天，天者至无。

总之，崇无而据以形上理由者，为王弼、何晏——得其"理"字；向秀、郭象——得其"偶"字。

据出世之动机（羼以神仙之说——嵇康）者，为阮籍、嵇康——得其"和"字。

第四章

贵无之学一：王弼

一、辨"道""德"

何晏《道德论》（见王注奇精，曰："若斯人可与论天人之际矣。"）

《老子》三十八章注。

二、有无

何晏：夫道者，唯无所有也。　自天地以来，皆有所有矣。然犹谓之道者，以其能复用无所有也。

王注四十章：天下之物，皆以有为生。　有之所始，以无为本。将欲全有，必反于无也。

三、本末

五十二章注，三十八章注，复卦注。　Dynamic.[1]

四、一多（简繁）

明象、四十七章注、四十二章注。　order.[2]

---

[1]　动态的。
[2]　秩序。

五、主

君以配天——予欲无言（《论语》九），无为。

人法自然——二十五章注。一之者主也。

四章注，主其安在哉？

四十九章注，事有主。

六十章注——主弥静——无为不扰。

十六章注——常——包通。

六、反本

无之二义：

1. 以无为体——道；

2. 以无为用——反本。

如四十二章注、三十八章注、十六章注、四章注。

物既体无，何以不以无为用。

三十九章注：陷溺不明。

复卦注。　复

四十章注。

结→无——绝对、全（一）、不变（常）、主，故能无为而无不为。（乾健）

但有不离无，体用不二，折用归体。所以，

Abstract monism of Spinoza，[1]

organic whole，[2]

God = nature.[3]

---

[1] 斯宾诺莎的抽象一元论。
[2] 有机整体。
[3] 神即自然。

反本——不居成　⎡有体乃有用⎤
自然——大常大致　⎣体外无用　⎦

　　　无妄然。

性命——复命曰常。（十六章）

政治——因（其性）。

第五章

贵无之学二：阮籍、嵇康

一、诗意的宇宙论——汉人元气说

《达庄论》："天地生于自然，万物生于天地。自然者无外，故天地名焉。天地者有内，故万物生焉。当其无外，谁谓异乎？当其有内，谁谓殊乎？……自然一体，则万物经其常。人谓之幽，出谓之章。一气盛衰，变化而不伤。是以重阴雷电，非异出也。天地日月，非殊物也。故曰自其异者视之，则肝胆楚越也。自其同者视之，则万物一体也。人生天地之中，体自然之形。身者阴阳之精气也。性者五行之正性也。情者游魂之变欲也。神者天地之所以驭者也。以生言之，则物无不寿。推之以死，则物无不夭。自小视之，则万物莫不小。由大观之，则万物莫不大。……故以死生为一贯，是非为一条也。"

《太师箴》："浩浩太素，阳曜阴凝。二仪陶化，人伦肇兴。"

《明胆论》："元气陶铄，众生禀焉。"

《大人先生传》："时不若岁，岁不若天，天不若道，道不若神。神者自然之根也。"

二、自然——无分别之状态（道家——庄子）

宇宙——混沌、太素。

人生——齐是非、生死。守玄、寂寞、大朴。

《达庄论》："别而言之，则须眉异名。合而说之，则体之一毛也。彼六经之言，分处之教也。庄周之云，致意之辞也。……夫守什伍之数，审左右之名，一曲之说也。循自然，住天地者，寥廓之谈也。"

"故至道之极，混一不分。同为一体，乃失无闻。"

《大人先生传》："太初何如？无后无先。莫究其极，谁识其根。"

《释私论》："以志无所尚，心无所欲，达乎大道之情，动以自然，则无道以至非也。"

《通老论》："故君臣垂拱，完太素之朴；百姓熙怡，保性命之和。"

《清思赋》："形之可见，非色之美。音之可闻，非声之善。"

"清虚寥廓，则神物来集。飘飘恍惚，则洞幽贯冥。……"

三、自然——道、法则

《东平赋》："区域高下，物有其制。"

《通老论》："圣人明于天人之理，达于自然之分。……""道者，法自然而为化。"

四、和（法则）——无分别之状态

Cosmic harmony（天和）。

《乐论》："夫乐者，天地之体，万物之性也。合其体得其性则和，离其体失其性则乖。昔者圣人之作乐也，将以顺天地之性，体万物之生也。故定天地八方之音，以迎阴阳八风之声。"

"风俗移易,而同于是乐。此自然之道,乐之所始也。"

"八音有本体,五声有自然。"

"若夫空桑之琴……"(见原文)

"以此观之,知圣人之乐,和而已矣。"

(不能以悲为乐)

"乐者使人精神平和,衰气不入。天地交泰,远物来集。故谓之乐也。"

《声无哀乐论》:"音声之作,其犹臭味在于天地之间。……其体自若而不变也。岂以爱憎易操,哀乐改度哉?"

"夫哀心藏于苦心内,遇和声而后发;和声无象,而哀心有主。"

"此自然相应,不可得逃,唯神明者能精之耳。"

"音声有自然之和,而无系于人情,克谐之音,成于金石。至和之声,得于管弦也。"

"声音以平和为体,而感物无常。心志以所俟为主,应感而发。然则声之与心殊途异轨,不相经纬。焉得染太和于欢戚,缀虚名于哀乐哉。"

"和心足于内,和气见于外。"——默然从道。

五、放达、逍遥

1. 超越于世累。

嵇康《养生论》(内外情欲):"世人……惟五谷是见,声色是耽,目惑玄黄,耳务淫哇。滋味煎其腑脏,醴醪鬻其肠胃,香芳腐其骨髓,喜怒悖其正气,思虑销其精神,哀乐殃其平粹。"

《大人先生传》(忧生):"李牧功而身死,伯宗忠而世绝。进求利以丧身,营爵赏而家灭。"

阮籍《咏怀诗》(主观的分别之害):"造音以乱声,作色以诡形。外易其貌,内隐其情。怀欲以求多,诈伪以要名。君立而虐兴,臣设而贼生。坐制礼法,束缚下民。"

"无贵则贱者不怨,无富则贫者不争。"

"尊贤以相高,竞能以相尚。争势以相君,宠贵以相加,驱天下以趣之,此所以上下相残也。"

(主观分别为争之始)

故重齐物。

2. 超分别而放任。

不奴于嗜欲
不淫于名利 ⎫ negative(反面的)。
不为礼法所拘 ⎭

宅心玄虚 ⎫ positive(正面的)
洞达超逸 ⎭

循性(天)而动。

和(放)

应变顺和(阮)

和理日济同于大顺(嵇)

节奏 ⎧ 放逸
       ⎨   (嵇阮)
       ⎩ 任自然

组织(守一、不乱)(王弼)

3. 逍遥——神游。

(放任之极——则为逍遥神游。)

《大人先生传》:"至人无宅,天地为客。至人无主,天地为所。至人无事,天地为故。无是非之别,无善恶之异。"

"超世而绝群,遗俗而独往。登乎太始之前,览乎忽漠之初。虑周流于无外,志浩荡而遂舒。"

"神者自然之根也。"

阮籍《答伏义书》、阮籍《老子赞》。

4. 养生、久寿。

嵇康《答山涛书》:"宁可久处人间耶?……令人久寿。"

嵇康《养生论》。

①精神为君;

②善养生者则不然矣。

5. 大节。

《首阳山赋》《猕猴赋》《家诫》。

第六章

贵无之学三：张湛

序

群有以至虚为宗

万品以终灭为验

神慧以凝寂常全 ⎫
想念以著物自丧 ⎬ 知识/解脱
生觉与化梦等情 ⎭

……

所明往与佛经相参，特与庄子相似。

一、群有变而至虚不变

1.《天瑞》第一品目注①："关于动用之域者，存亡变化自然之符。夫唯寂然至虚，凝一而不变者，非阴阳之所终始，四时之所迁革。"

2. 群有。

形：生必有形。

---

① 遗稿中引文多仅标明页码（清朝世德堂刊本），整理时将引文按出处抄录。还原困难者，仅保留页码。又，在另一遗稿《魏晋玄学讲课大纲》中，此品目注与"序"同列，并标一小题"生死问题"。——校者

"夫有形必有影，有声必有响。此自然而并生，俱出而俱没。岂有相资前后之差哉？"（《天瑞注》第九页反面）

"此明有形之自形，无形以相形者也。"（《天瑞注》第三页反面）

化："若夫万变玄一，彼我两忘，即理自夷而实无所遣。夫冥内游外，同于人群者，岂有尽与不尽者乎？"（《天瑞注》十三页）

群有随迁化靡停。

"阴阳四时，节变化之物，而复属于有生之域者，皆随此陶运。四时改而不停，万物化而不息者也。"（《天瑞注》二页正面）

"向秀注曰：吾之生也，非吾之所生，则生自生耳。生生者岂有物哉？故不生也。吾之化也，非物之所化，则化自化耳。化化者岂有物哉？无物也，故不化焉。"（《天瑞注》二至三页）

3. 本无。

"谓之生者则不死，无者则不生，故有无之不相生，理既然矣，则有何由而生？忽尔而自生。忽尔而自生，而不知其所以生。不知所以生，生则本同于无。本同于无，而非无也。"（《天瑞注》三页）

"形声色味皆忽尔而生，不能自生者也。夫不能自生，则无为之本。无为之本，则无留于一象，无系于一味，故能为形气之主，动必由之者也。"（《天瑞注》五页反面）所以，"无"乃无形、无象、无味。故群有生，而无不生。

"若使生物者亦生，化物者亦化，则与物俱化，亦奚异于物？明夫不生不化者，然后能为生化之本也。"（《天瑞注》三页正面）故群有适一，而"无"无所寄。

"既涉于有形之域，理数相推，自一之九。九数既终，乃

复反而为一。反而为一,归于形变之始。此盖明变化往复无穷极。"(《天瑞注》四页反面)

"凡滞于一方者,形分之所闇耳。道之所运,常冥通而无待。"(《天瑞注》五页反面)

盖万物……终此生彼(参看《天瑞注》九页正面"夫生死变化胡可测哉"一段)。

"聚则成形,散则为终,此世之所谓终始也。然则聚者以形实为始,以离散为终;散者以虚漠为始,以形实为终,故迭相与为终始,而理实无终无始者也。"(《天瑞注》九页反面)

"成者方自谓成,而已亏矣。生者方自谓生,潜已死矣。"(《天瑞注》十五页反面)

如浑然一气(《天瑞注》三页反面),而阴阳分判。

再看《天瑞注》九页正面:"夫生死变化胡可测哉?生于此者或死于彼,死于彼者或生于此,而形生之主未尝暂无。是以圣人知生不常存,死不永灭,一气之变,所适万形。万形万化,而不化者存归于不化,故谓之机。机者,群有之始,动之所宗,故出无入有,散有反无,靡不由之也。"

(又看《天瑞注》页三反面浑成,《天瑞注》页三正面。)

"夫浑然未判则天地一气,万物一形。分而为天地,散而为万物。此盖离合之殊异,形气之虚实。"(《天瑞注》十七页正面)

总结:本体

"无"非有之一,故不生;

"无"非有之一,故无形;

"无"非有之一,故无聚散始终。(《天瑞注》九页正面及反面末)

群有　反是　生形　始终

二、解脱由于知识，沉溺由于迷惘

1. 物乃离合之殊异。

"夫浑然未判，则天地一气，万物一形，分而为天地，散而为万物。此盖离合之殊异，形气之虚实。"（《天瑞注》十七页正面）

"凡贵名之所以生，必谓去彼而取此，是我而非物。今有无两忘，万异冥一，故谓之虚。虚既虚矣，贵贱之名，将何所生？"（《天瑞注》十五页正面）

所以，无庸休戚。

"事有实著，非假名而后得也。"（《天瑞注》十五页正面）

"夫虚静之理，非心虑之表，形骸之外。求而得之，即我之性，内安诸己，则自然真全矣。故物以全者皆由虚静，故得其所安。所以败者皆由动求，故失其所处。"（《天瑞注》十五页正面）

"此知有始之必终，有形之必败，而不识休戚与阴阳升降，器质与天地显没也。"（《天瑞注》十七页反面）

"彼一谓不坏者也，此一谓坏者也。若其不坏则与人偕全，若其坏也则与人偕亡。何为欣戚于其间哉？"（《天瑞注》十七页反面）

2. 生死我皆即之。

"夫万物与化为体，体随化而迁。化不暂停，物岂守故？故向之形生非今形生，俯仰之间，已涉万变，气散形朽，非一旦顿至。而昧者操必化之器，托不停之运，自谓变化可逃，不亦悲乎？"（《天瑞注》十五页反面）

3. 私身乃惑。

"此二人一以必败为忧，一以必全为喜。此未知所以为忧喜也。而互相慰喻使自解释，固未免于大惑也。"（《天瑞注》十七页正面)"生之不知死,犹死之不知生,故当其成也,莫知其毁,及其毁也,亦何知其成。此去来之见验,成败之明征,而我皆即之。情无彼此,何处容其心乎?"(《天瑞注》十八页正面)

"若其有盗邪?则我身即天地之一物,不得私而有之。若其无盗邪?则外内不得异也。"(《天瑞注》二十页正面)

"夫天地,万物之都称;万物,天地之别名。虽复各私其身,理不相离;认而有之,心之惑也。因此而言,夫天地委形,非我有也。饬爱色貌,矜伐智能,已为惑矣。至于甚者,横认外物以为己有,乃标名氏以自异,倚亲族以自固,整章服以耀物,藉名位以动众,封殖财货,树立权党,终身欣玩,莫由自悟。故老子曰:'吾所以有大患,为吾身。'庄子曰:'百骸六脏,吾谁与为亲?'领斯旨也,则方寸与太虚齐空,形骸与万物俱有也。"(《天瑞注》二十页)

参见:王弼

私 = 为于身。(《老子》七章注)

荡然公平 = 乃至于无所不周也。

参见:嵇康《释私论》

心无措于是非;

志无所尚,心无所欲;

虚心无措;

openness 不匿。

所以,顺性者与天地合其德(Ⅱ 4b[①], Ⅲ 4a, b,);生觉与化梦等情(Ⅲ 1a);命者必然之期(Ⅵ 1a);生者一气之暂聚(Ⅶ 1a);总之,倚伏变通(Ⅷ)而解之者、体之者,由乎神智(Ⅳ,Ⅴ)。

[①] 指世德堂刊本《列子》注卷二,十四页,b 为反面。下文 a 为正面。下同。——校者

第七章

贵玄崇有

一、有无之代兴

1. 史。

汉代经学：

老子：王何，务为高远，正始。

庄子：嵇阮，放任，竹林。

　　　王戎，宅心事外。

　　　乐广、王衍、裴頠、向秀，元康。

　　　东海王越、放荡（八达），永嘉。

　　　参见：《抱朴子》。

　　　看戴逵之论。

"古之人未始……害名教之体。"(《放达为非道论》)

"若元康之人，可谓好遁迹而不求其本。"（同上）

"竹林之为放，有疾而为颦者也。元康之为放，无德而折巾者也。"（同上）

"籍之抑浑，盖以浑未识己之所以为达也。"(《竹林名士论》)

"乐令之言有旨哉！谓彼非玄心，徒利其纵恣而已。"（同上）

支孝龙（阮瞻、庾敳），八达

"抱一以逍遥，唯寂以致诚。"（《高僧传》）

王庾——佛般若

有部

罗什、远公——无；

宋——涅槃——有；

齐——成实——有；

梁陈——三论——无。

"魏之初霸，术兼名法，傅嘏、王粲，校练名理。迄至正始，务欲守文，何晏之徒，始盛玄论。于是聃、周当路，与尼父争涂矣。……然滞有者全系于形用，贵无者专守于寂寥。徒锐偏解，莫诣正理。动极神源，其般若之绝境乎！逮江左群谈，唯玄是务，虽有日新，而多抽前绪矣。"（《文心雕龙·论说》）

"乃正始明道，诗杂仙心。……江左篇制，溺乎玄风。嗤笑徇务之志，崇盛亡机之谈。……宋初文咏，体有因革，庄老告退，而山水方滋。"（《文心雕龙·明诗》）

向、郭在此中之关系。

①庄子；

②比较崇有；

③合儒道为一。

2. 资有之必要。

裴頠。

3. 但宅心玄虚，无为而治。

裴頠。

老子之微旨。"收流遁于既过，反澄正于胸怀。宜其以无为辞，而旨在全有。"

又上疏:"故尧舜劳于求贤,逸于使能。分业既辨,居任得人。无为而治,岂不宜哉?"

向秀,巢许狷介之士,不足多慕。

郭象,评嵇绍。(《太炎文录》一)

西晋初,傅咸劾王戎:"戎不仰依尧舜之典谟,而驱动浮华,亏败风俗。"

东晋,江淳兼习孔老。不但违礼,且背道。著《通道崇检论》。王坦之《废庄论》。

郭注《庄子》序:庄子其人、其言。

二、向郭注大意

1. 向郭之大旨。

①对放浪形外作反对言论(反前人)。

②觅一新形上学为崇有根据。

③为宅心虚无、无为政治下一新解释。

2. 向郭注之动机。

关于向注:嵇康、崔譔、颜延年《五君咏》。

向郭关系:各有一注。抄袭。《秋水》《至乐》。

关于郭注:注中反对前人之言论。

关于"儒墨之迹见鄙,道家之言遂盛"。

三、有之常存,无即无物

1. 宗义。

"夫有不得变而为无,故一受成有形则化尽无期也。"(《田子方》)

"非唯无不得化而为有也,有亦不得化而为无矣。是以夫有之为物,虽千变万化而不得一为无也。不得一为无,故自古

无未有之时而常存也。"(《知北游》)

"夫有之未生,以何为生乎？故必自有耳。岂有之所能有乎？"(《庚桑楚》)

"死生出入皆欻然自尔,未有为之者也。然则聚散隐显,故有出入之名。徒有名耳,竟无出入。门其安在乎？故以无为门。以无为门,则无门也。"(《庚桑楚》)

"明无不待有而无也。"(《大宗师》)

参见:《列子注》。

2. 无先。

"谁得先物者乎哉？吾以阴阳为先物,而阴阳者即所谓物耳。谁又先阴阳者乎？吾以自然为先之,而自然即物之自尔耳。吾以至道为先之矣,而至道者乃至无也。既以无矣,又奚为先？然则先物者谁乎哉？而犹有物无已。明物之自然,非有使然也。"(《知北游》)

①无——无者即"无"。

"夫无不能生物,而云物得以生,乃所以明物生之自得。任其自得,斯可谓德也。"(《天地》)

参见:裴頠"夫至无者无以能生"。"济有者皆有也。虚无奚益于已有之群生哉？"

"窈冥昏默皆了无也。夫庄老之所以屡称无者,何哉？明生物者无物,而物自生耳。自生耳,非为生也,又何有为于已生乎？"(《在宥》)

参见:裴頠"已有"。"一者有之初,至妙者也。至妙,故未有物理之形耳。夫一之所起,起于至一,非起于无也。然庄子之所以屡称无于初者,何哉？初者,未生而得生,得生之难,而犹上不资于无,下不待于知,突然而自得此生矣,又何营生

于已生以失其自生哉？"(《天地》)

②道（理）。

"以其知分，故可与言理也。"(《秋水》)

"人之生也，形虽七尺而五常必具。故虽区区之身，乃举天地以奉之。故天地万物，凡所有者，不可一日而相无也。一物不具，则生者无由得生；一理不至，则天年无缘得终。然身之所有者，知或不知也；理之所存者，为或不为也。"(《大宗师》)

"言道之无所不在也。故在高为无高，在深为无深，在久为无久，在老为无老。无所不在，而所在皆无也。"(《大宗师》)

"道无能也。此言得之于道，乃所以明其自得耳。自得耳，道不能使之得也。我之未得又不能为得也。然则凡得之者，外不资于道，内不由于己，掘然自得而独化也。"(《大宗师》)

参见：裴頠："是以生而可寻，所谓理也。理之所体，所谓有也。"

③天（天地）。

"大块者，无物也。夫噫气者岂有物哉？气块然而自噫耳。物之生也，莫不块然而自生，则块然之体大矣。"(《齐物论》)

"夫天籁者，岂复别有一物哉？即众窍比竹之属，接乎有生之类，会而共成一天耳。"(《齐物论》)

"天地者，万物之总名也。天地以万物为体，而万物必以自然为正。自然者，不为而自然者也。"(《逍遥游》)

sum 与 whole[①]。

四、独化

独义：

（1）自生（群有），无因（使之）。

---

① 总和与整体。

（2）多而恒变（群有）。

（3）不为而相因。

1. 群有自然（自生，无使之）。

"万物万情，趣舍不同，有若真宰使之然也。起索真宰之朕迹，而亦终不得，则明物皆自然，无使物然也。"（《齐物论》）

"彼，自然也。自然生我，我自然生。故自然者，即我之自然，岂远之哉？"（《齐物论》）

"明物物者无物，而物自物耳。物自物耳，故冥也。"（《知北游》）"此盖事变之异也。自此以上，略举天籁之无方；自此以下，明无方之自然也。物各自然，不知所以然而然，则形虽弥异，自然弥同也。"（《齐物论》）

"意尽形教，岂知我之独化于玄冥之境哉。"（《徐无鬼》）

"推而极之，则今之所谓有待者率至于无待，而独化之理彰矣。"（《寓言》）

玄冥：①无对，②弥同，③不际，④无待。

参见：裴𫖯《崇有论》。

2. 群有——多而变。

"世或谓罔两待景，景待形，形待造物者。请问：夫造物者，有耶？无耶？无也，则胡能造物哉？有也，则不足以物众形。故明乎众形之自物，而后始可与言造物耳。是以涉有物之域，虽复罔两，未有不独化于玄冥者也。故造物者无主而物各自造，物各自造而无所待焉，此天地之正也。故彼我相因，形景俱生，虽复玄合而非待也。明斯理也，将使万物各反所宗于体中而不待乎外。外无所谢而内无所矜，是以诱然皆生而不知所以生，同焉皆得而不知所以得也。今罔两之因景，犹云俱生而非待也，则万物虽聚而共成乎天，而皆历然莫不独见矣。故罔两非景之所制，而景非形之所使，形非无之所化也，则化与不化，然与不然，从人之与由己，莫不自尔，吾安识其所以哉！"（《齐物论》）

"夫死者独化而死耳，非夫生者生此死也。"（《知北游》）

"方言死生变化之不可逃，故先举无逃之极，然后明之以必变之符，将任化而无系也。"（《大宗师》）

3. 群有——不为而相因。

"卓尔，独化之谓也。夫相因之功，莫若独化之至也。故人之所因者，天也；天之所生者，独化也。人皆以天为父，故昼夜之变，寒暑之节，犹不敢恶，随天安之。况乎卓尔独化，至于玄冥之境，又安得而不任之哉！既任之，则死生变化，惟命之从也。"（《大宗师》）

"均于不为而自化也。"（《天地》）

"道无能也。此言得之于道，乃所以明其自得耳。自得耳，道不能使之得也。我之未得，又不能为得也。然则凡得之者，外不资于道，内不由于己，掘然自得而独化也。"（《大宗师》）

"夫体天地，冥变化者，虽手足异任，五脏殊管，未尝相与而百节同和，斯相与于无相与也；未尝相为而表里俱济，斯相为于无相为也。若乃役其心志以恤手足，运其股肱以营五脏，则相营愈笃而外内愈困矣。故以天下为一体者，无爱为于其间也。"（《大宗师》）

"夫物物自分，事事自别，而欲由己以分别之者，不见彼之自别也。"（《齐物论》）

"夫以形相对，则大山大于秋毫也。若各据其性分，物冥其极，则形大未为有余，形小不为不足。苟各足于其性，则秋毫不独小其小，而大山不独大其大矣。若以性足为大，则天下之足未有过于秋毫也。若性足者非大，则虽大山亦可称小矣。故曰天下莫大于秋毫之末而大山为小。大山为小，则天下无大矣。秋毫为大，则天下无小也。无小无大，无寿无夭，是以蟪蛄不羡大椿而欣然自得，斥鷃不贵天池而荣愿以足。苟足于天然而安其性命，故虽天地未足为寿而与我并生，万物未足为异而与我同得。则天地之生又何不并，万物之得又何不一哉！"（《齐物论》）

"天下莫不相与为彼我，而彼我皆欲自为。斯东西之相反也。然彼我相与为唇齿。唇齿者未尝相为，而唇亡则齿寒。故彼之自为，济我之功弘矣，斯相反而不可以相无者也。故因其自为而无其功，则天下之功莫不皆无矣；因其不可相无而有其功，则天下之功莫不皆有矣。若乃忘其自为之功而思夫相为之惠，惠之愈勤而伪薄滋甚，天下失业而情性澜漫矣，故其功分无时可定也。"（《秋水》）

五、贵玄

1.（齐物）安分。

"夫天地之理，万物之情，以得我为是，失我为非，适性为治，失和为乱。然物无定极，我无常适，殊性异便，是非无主，若以我之所是则彼不得非，此知我而不见彼者耳。故以道观者于是非无当也。付之天均，恣之两行，则殊方异类同焉皆得也。"（《秋水》）

"天下莫不自是而莫不相非，故一是一非，两行无穷。唯涉空得中者，旷然无怀，乘之以游也。"（《齐物论》）

①物各自然，故彼我玄同。（存在）
②物均独化，故小大齐一。齐物（智慧）。

③物各独化而足，故须全其性、尽其极。（安命）《逍遥游》《养生主》。

④独化无方，故须顺变。《人间世》。

⑤物本齐一，故须冥。《德充符》《大宗师》《应帝王》。

2. "夫无有何所能建，建之以常无有，则明有物之自建也。"（《天下》）自生、帝王。

3. 通天地之统。"天地者，万物之总名也。天地以万物为体，而万物必以自然为正。自然者，不为而自然者也。"

序万物之性。

"各以得性为至，自尽为极也。"（《逍遥游》）

"夫物物自分，事事自别，而欲由己以分别之者，不见彼之自别也。"（《齐物论》）

达生死之变。"夫死生之变，犹春秋冬夏四时行耳。故生死之状虽异，其于各安所遇一也。今生者方自谓生为生，而死者方自谓生为死，则无生矣。生者方自谓死为死，而死者方自谓死为生，则无死矣。无生无死，无可无不可，故儒墨之辨，吾所不能同也。至于各冥其分，吾所不能异也。"（《齐物论》）

而 in order to 明内圣外王之道。

因上知造物者无物，下知有物之自造也。

六、玄冥之境

1. 道。

道 = 理 = 性分；无所不在。

理不可逃。"其理固当，不可逃也。"（《德充符》，卷二，第 21 页 a 面。）

天 = sum（总和）——indefinite（无限）。

补：道＝性分——无方。（见次页）何以无方之理不可逃？参见：范缜《神灭论》，崇自然，反因果。

2. 不但 indefinite 而无方，而且齐、夷。

盖性分绝对独立，无一物可为中心（无待），无一物可自是而非彼，无一物可自见而不见彼。"夫以形相对则大山大于秋毫也；若各据其性分，物冥其极，则形大未为有余，形小不为不足。苟各足于其性……"（《齐物论》）

故须安所遇。"夫死生之变，犹春秋冬夏四时行耳。故生死之状虽异，其于各安所遇一也。"（《齐物论》）（不舍己从人）

故须任之。"卓尔，独化之谓也……"（《大宗师》）（不使人从己）玄同，冥其分，但平等而非相等。

"夫莛横而楹纵，厉丑而西施好，所谓齐者，岂必齐形状同规矩哉？故举纵横好丑、恢诡谲怪，各然其所然，各可其所可，则形虽万殊，而性同得。故曰道通为一也。"（《齐物论》）

"夫自是而非彼，美己而恶人，物莫不皆然。然故是非虽异而彼我均也。"（《齐物论》）

如能安所遇，均于自得，则逍遥。

"夫大小虽殊，而放于自得之场，则物任其性，事称其能，各当其分，逍遥一也。岂容胜负于其间哉！"（《逍遥游》）

3. 至人之逍遥。

庶民各安其分，各信其一方，不舍己从人，有待之逍遥。无待之逍遥，不舍己从人，并不使人从己。

"物各有性，性各有极，皆如年知，岂跂尚之所及哉！自此已下至于列子，历举年知之大小，各信其一方，未有足以相倾者也。然后统以无待之人，遗彼忘我，冥此群异，异方同得而我无功名。是故统小大者，无小无大者也……"（《逍遥游》）

"天地者，万物之总名也。天地以万物为体，而万物必以自然为正。自然者，不为而自然者也。故大鹏之能高，斥鷃之能下，椿木之能长，朝菌之能短，凡此皆自然之所能，非为之所能也。不为而自能，所以为正也。故乘天地之正者，即是顺万物之性也。御六气之辩者，即是游变化之涂也。如斯以往，则何往而有穷哉！所遇斯乘，又将恶乎待哉！此乃至德之人玄同彼我者之逍遥也。苟有待焉，则虽列子之轻妙，犹不能以无风而行，故必得其所待，然后逍遥耳，而况大鹏乎！夫唯与物冥而循大变者，为能无待而常通，岂自通而已哉！……"（《逍遥游》）

"意尽形教，岂知我之独化于玄冥之境哉！"（《徐无鬼》）

"推而极之，则今之所谓有待者，率至于无待，而独化之理彰矣。"（《寓言》）

顺乎无方之自然。"变化颓靡，世事波流，无往而不因也。夫至人一耳，然应世变而时动，故相者无所措其目，自失而走。此明应帝王者无方也。"（《应帝王》）

4. 问题。

安分——逍遥。

问：徒安分，能逍遥吗？似不然。

hence 支道林！

七、王何、向郭之比较

由西洋形上说，但中学未分析。

王　何	向　郭
1. 无为本	无即无
无生有	有自生
道即无	道非有（至无）

折末归本（体外无用）	有之分际
	寓本于末（用外无体）
全一	总名
abstract monism	phenomenal realism
（抽象一元）	（现象真实）
2. 反本（不居成）	安分（居命）
均反一极	各反于极
抱一	逍遥
3. 性命（复命曰常）	性命（各有性）
穷力举重	无铢毫之加
4. 自然	自然
5. 因	冥物　顺变
老子	庄子
本无	即色无[①]
佛（般若）	佛（有部）
王、何	向、郭
嵇阮	支道林
张湛	宗炳
道安	郗超
法深	
法沐	
慧远	
道生	

僧肇

---

① "无"字疑当为"宗"字。——编者

第八章

明自然

一、自然

1. 自然——非人为。

"河东盐池……不劳煮沃,成之自然。"(王廙《洛阳赋》)

(善恶)"天质自然,不须外物者也。"(孙盛《老子疑问反讯》)

"亦非故然,理自然也。"(孙盛《老聃非大贤论》)

2. 自然——本性。

法自然,诸生之本分。

法性、色性,等等。

(寿夭贤愚)此自然之定理,不可移者也。(戴逵《释疑论》)

"各有命分。"(戴逵《释疑论》)

冷热之质,冰炭之自然。(褚碧《白王沈》)

3. 自然——定律。

(物理)形影声响。

"亦犹龙虎之从风云,形声之会影响,理固自然,非召之也。"(《老聃非大贤论》)

天然。(阴阳五行。物无妄然,必由其理。)

"夫无怪物之所以，然后可以通于命，以达变化之情者，不怪诡于异端。测自然之根者，不猖狂于一物。"（庾阐《列仙论》）

4. 自然——偶然（突然）。

①无目的。如王充所言。

②无因。如向郭所言。

二、自然与因果

1. 自然即因果，自然与因果相符。（因果自然论）

（1）王充。

汉儒：汉代之天——因果，气感，命定。

灾殃（一种感应说）有意，故有为，有所为而为。

王充反之。斥故主偶（幸）。命定——道。

（2）王弼。

承仲任之说。

斥故。并脱离汉之天道元气说，而归之存存本本之真体。Being as Being（存在之为存在）。如《老子注》第五章。

但物无妄然，必由其理。"道有大常，理有大致。"（四十七章注）

（3）佛家因果报应。

自然则依傍于老庄；报应则祖述于周孔。（真观《因缘无性论》）

a. 因果说之重要。

b. 慧远。老、庄、佛。《三报论》《明报应论》《弘明集》五之十三。

（感召）

定律，不由主宰。

2. 因果非自然论。

戴逵《释疑论》。(《广弘明集》二十之一反面)

范缜：对子良(《南史》),《神灭论》。(肖琛,《弘明集》九之七)朱世卿《性法自然论》。(《广弘明集》二十五之五)

禅宗。

三、自然与名教

1. 自然与名教之一：异本末。

合——自然本，名教末。名教本，自然末。

(1) 道佛；

(2) 儒：异——主自然斥名教，主名教斥自然。

2. 问题。

名分；尊卑；设官分职；世务；富贵；礼法(忠孝)，劝学。

袁弘："君亲自然，匪由名教。"

向秀《难养生论》："富贵关之自然。"

裴希声："夫君亲之重，非名教之谓也。爱敬出于自然，而贵孝之道毕矣。"

山涛《答嵇绍》："天地四时，犹有消息，而况人乎。"

王谧《答桓玄》："学之所学，故是发其自然之性耳。"

张辽叔《自然好学论》："不教而好学。"

佛教：①出家(不孝)；②不敬王者(不忠)；(桓玄：君臣之敬是自然之所生。)③袒服；④踞食；⑤出世(不做官,罢道)。

3. 有无本末。

本无(state of nature)，则遗有。(有与无反)

崇有(state of culture)，则贵生。(有与无合)

Ideal state (理想状态)：

（1）无义——离人——Atlanta[①]，Utopia（乌托邦的），古；

（2）有义——不离人——realistic（现实主义的）。

4. 王弼。

（1）反名教之潮流。

汉代反名教之说；魏晋反礼教者之多。

（2）王弼未弃治术。

何王本儒教中人，"当其列贵贱之时，其位不可犯也。""尊卑有常序。"

《老子注》二十五章，《易·观卦注》，《易注》二之十反面。

（3）王弼薄名教。

《老子注》二十七章：圣人不立形名。

二十八章：朴，真也。

三十二章："朴之为物……"

四十九章：圣人成能。

《易·观卦注》。

《老子注》十八章：六亲自和。

故非无圣王，在乎化民，在乎反朴。绝圣弃智。

贵 state of nature，"反古"。八十章注。

非无名分，在乎百姓与能而不能争锥刀；在乎任其性。然名分究为朴散之物。已非真谛。要在反乎无分无名之情形。（十八章注）

形：就人说，三十二章注，圣人朴，臣工朴散。

名：就 state 说，自然（古），始制（有官长）。

三十八章注。参见：首章注。

[①] 原文如此，疑为 Atlantis 之误。——校者

参见:《齐物论注》,cocoming 名。① "夫名谓,生于不明者也。……"

5. 向郭注。

(1)内圣外王之道。

物各自生,各有性,故玄同。圣人能玄应。同彼我。无对。冥物。

"夫自任者对物,而顺物者与物无对。故尧无对于天下,而许由与 稷契为匹矣。何以言其然邪？夫与物冥者,故群物之所不能离也。 是以无心玄应,唯感之从,泛乎若不系之舟,东西之非己也,故无行而不与百姓共者,亦无往而不为天下之君矣。以此为君,若天之自高,实君之德也。若独亢然立乎高山之顶,非夫人有情于自守,守一家之 偏尚,何得专此！此故俗中之一物,而为尧之外臣耳。若以外臣代乎内主,斯有为君之名而无任君之实也。"(《逍遥游》)

"萌然不动,亦不自正,与枯木同其不华,湿灰均于寂魄,此乃至 人无感之时也。夫至人,其动也天,静也地,其行也水流,其止也渊默。渊默之于水流,天行之于地止,其于不为而自尔,一也。今季咸见其尸居而坐忘,即谓之将死,睹其神动而天随,因谓之有生。诚应不以心而理自玄符,与变化升降而以世为量,然后足为物主而顺时无极,故非相者所测耳。此应帝王之大意也。"(《应帝王》)

养性(内圣)之学即治天下(外王)之术。术有二:与物冥、随感应。

"故乘天地之正者,即是顺万物之性也。御六气之辩者,即是游变化之涂也。"(《逍遥游》)

---

① 原文如此。——校者

若不与物冥，则丧生。

"夫举重携轻而神气自若，此力之所限也。而尚名好胜者，虽复绝膑，犹未足以慊其愿，此知之无涯也。故知之为名，生于失当而灭于冥极。冥极者，任其至分而无毫铢之加。是故虽负万钧，苟当其所能，则忽然不知重之在身；虽应万机，泯然不觉事之在己。此养生之主也。"（《养生主》）

"忘善恶而居中，任万物之自为，闷然与至当为一，故刑名远己，而全理在身也。"（《养生主》）

若不顺变，则离人。

"与人群者，不得离人。然人间之变故，世世异宜，唯无心而不自用者，为能随变所适而不荷其累也。"（《人间世》）

"法圣人者，法其迹耳。夫迹者，已去之物，非应变之具也。奚足尚而执之哉！执成迹以御乎无方，无方至而迹滞矣。所以守国而为人守之也。"（《胠箧》）

"古之不在今，今事已变，故绝学任性，与时变化而后至焉。"（《天道》）

（2）名教与自然。

名教不离自然，外王必内圣。

a. 圣王不失性命之情。

"夫圣人虽在庙堂之上，然其心无异于山林之中。世岂识之哉！徒见其戴黄屋、佩玉玺，便谓足以缨绂其心矣；见其历山川、同民事，便谓足以憔悴其神矣，岂知至至者之不亏哉！"（《逍遥游》）

b. 无为非卧。

"无为之言，不可不察也。夫用天下者，亦有用之为耳。然自得此为，率性而动，故谓之无为也。今之为天下用者，亦自得耳。但居下者亲事，故虽舜禹为臣，犹称有为。故对上下则君静而臣动，比古今则尧舜无为而汤武有事。然各用其性而天机玄发，则古今上下无为，谁有为也？"(《天道》)

c. 巢父许由非能外天下。

"若谓拱默乎山林之中，而后得称无为者，此庄老之谈所以见弃于当涂。当涂者，自必于有为之域，而不反者，斯由之也。"(《逍遥游》)

自然与名教合一。

自然为本（道），名教为末（儒）。
　　　　｜　　　　　｜
　　圣人之所以迹　　之迹

（1）形名；（2）才性；（3）性情；（4）法术；（5）圣人。

魏晋玄学听课笔记

第一章

绪 论

五变——历史的分段略述。魏晋玄学实有研究之价值,就学术之演进而论,宋明理学虽然影响极大,然其源头活水却在玄学,故或可说理学实魏晋玄学之继续;就魏晋玄学与佛学之关系而论,前者并非受后者影响而立,相反,魏晋佛学乃玄学之支流。仅此二点,即可足见研究玄学价值之大。

玄学有众义,其一为玄远义,远者,远实际也。实际或指事务,或指事物。远于事务,即出世;远于事物,则重宇宙本体,讲形上学。普通历史所谓魏晋人尚清谈、任达、荡易、狂放,Romantic,言其远于实际事务也。在西洋,浪漫主义与自由主义、思想解放运动有密切关系,魏晋思想亦可谓解放、自由之思想——从汉代统一的、形式化的思想中挣脱、解放出来。又,魏晋玄学讲本末、有无、体用,研究这些问题的人,即玄谈名理者,实在是很严肃的,与前一种狂放荡易判然有别。此类玄学家以形上学为基础,高谈道德人生,Political ethical interest(政治—伦理兴趣)委实很浓,前一种人如嵇康、阮籍,后一种人如王弼、郭象。汉魏两晋之学术实有五变,兹列述如次:

(1)汉末之思想运动有二方向,一即迈向解放,为《论衡》。

而冯衍等，皆远于实际事务，乃祖述老庄，阐述己意。又，汉人讲黄老，以之为政治学说与技术，故他们研究黄老，乃基于政治伦理兴趣，此种倾向与前一种远离实际事务者相结合，乃产生汉末之名士，或为高人，或倡清议之风。

（2）魏继之，有太和名士，一方面人格日趋解放，重放任旷达，如祢衡。另一方面清议更进而为清谈，如刘邵《人物志》，其旨在专论人性。清谈之讨论人性，与清议讨论个别之人不同。当时有卢毓、钟会、夏侯玄、阮武等，皆讲名理。名理者，人物之理也。

（3）更进之，乃有正始名士，以王弼、何晏为代表，真正进入形上学之领域，由讲人性（human nature）进而至于讲 nature 或 being。同时放任旷达之士有阮籍。何、王贵无，尚无为，述老子。反对者扬周孔，崇有，倡有为。

（4）永嘉年间，向、郭调和有无之问题，且调和严肃与浪漫之意趣，讲庄子，玄学至此乃达最高峰，同时放达之士有八达。

（5）至东晋，佛学兴盛，人事天道分而论之，讲《般若经》，最重要者为道安、慧远、支遁、竺法深、竺道生。

人物与书籍。在汉一代，申韩、黄老与儒家并重。太和名家，述老者多。除《老子》外，尚有《周易》。汉末讲易者，江东虞翻、关中董遇，皆讲阴阳相授消息。后有荆州宋衷，新《周易》学兴，多讲原理。宋衷为刘表礼遇。刘表为王畅弟子或再传弟子。王畅与王粲、王弼同家系。曹操取荆州，宋衷与王家人皆北上，北方玄风乃盛。至王弼出，真正玄学乃立。同时有何晏，思想次于王弼，然为贵族。王、何皆立于曹魏朝廷，故其学问为朝廷学问，王、何常讲政治，故不足奇。晋替魏兴，对曹魏旧臣甚忌刻，于是阮籍等放僻邪侈，诗酒自娱。而安心为晋臣者，自不得不讲名教，因有名教与自然合一之说。西晋中叶崇有之学即以道家为本，儒家为用，讲道德而不废名教。故崇有者与王、何贵无之说并不冲突，唯与阮、嵇、八达讲放任旷达者不同。永嘉间向、郭出。讲庄子放任旷达之士，本与《庄子》逍遥义相近。向秀注《庄子》正如王弼注《周易》，乃新发明，调和有无之说、道儒之学。王、何、向、郭皆自命为儒者之徒，不是历史上遭垢骂者之清谈家（至少他们的主张都是想做一番事业）。王弼作《论语释疑》，何晏作《论语集解》（非何一人作品），皆以道家讲儒经者也。例如"子见南子章"，王弼释为任运。郭象《论语体略》（已佚）则以《庄子》释孔。[1] 东晋，佛家主出世而废名教。自然与名教之争，其结论为各不相涉。当时佛学家所根据之经为《般若经》及《首楞严经》（非现存者），然佛家实受过去玄学之影响。属王弼派者为道安、竺法深、僧肇、慧远、竺道生，研究《般若经》。属向秀派者有支遁、郗超，研究《首楞严经》。这许多人的著作多佚，梁僧佑《出三藏记集经序》及续编、僧肇《肇论》及《维摩经注》（非肇一人注）为现存之书之最重要者。东晋末，《涅槃经》流行。此经出于《般若》，而又发挥《首楞严经》法身之说。《涅槃经》讲大我，讲有。因此，从东晋末起，即从无到有，佛学之风乃变。其后南北朝对立，南朝多新人，北朝多老人。前者继玄学之系统，后者继汉人之系统。后北朝统一南朝，隋唐之佛学乃继北朝系统而来者，魏晋玄学至此乃绝。

---

[1] 原稿页上注有"李鼎祚《周易集解》、皇侃《论语义疏》保存玄学家之说甚多"。——校者

第二章

魏初名理之学

一、汉学与玄学之别

1. 汉学复杂，玄学简单：汉人对于每一事物之解释比较地不重原理。甲事件给以甲解释，乙事件给以乙解释，而不知以一原理给许多事以解释。玄学反之，以为找到一最高原则即可解释诸事件。

2. 汉学具体，玄学抽象：玄虚之义，其一即为抽象。

3. 汉学非合理化，玄学合理化：如汉人信作土龙可祈得雨。自王充以来，大家即怀疑这等事，而求合理化。自汉学至玄学之运动即为自复杂具体之学问转变为简单抽象合理化之运动，而名理之学即为其过渡。

二、名理之学根据汉代政治思想来

汉人政治思想有一定方式：①圣人受命；②天降符瑞；③推德定制；④分职设官；⑤察举取士；⑥考绩；⑦征诛刑罚；⑧太平；⑨封禅告成功；⑩德衰易姓。①至③、⑧至⑩为董仲舒等所重视，④至⑦为汉末人所注重，如王符《潜夫论》、徐幹《中论》。名理之学，特别是由研究治国平天下之方法产生出来的。分职、取士、考绩、刑罚之问题，即名实问题。讨论此等问题的原理乃生名学。

三、汉代政治思想涵摄之观念（与名理之学及玄学有影响者）

1. 名教。汉以名教治天下，此即谓以周孔之学治天下（事实上如何兹不论），因孔子主正名。名教一方面崇礼乐，因礼乐正名位。另一方面重刑名。同时一方面重名节，《日知录》谓汉代以名教治天下即教人好名誉也。另一方面教人做官。因此，从名教与顺自然完全对立。

2. 法天。汉人以为人君为天之代表，政治制度乃取法天象，此为天人感应之一方面。人君法天，得天之全体。臣民则为天之一体。附会于老子之说，天法自然，法天即法自然。人君为自然全体，以虚无为体。臣民为自然一体，即群有。

3. 唯圣人为能致太平。汉人以为皇帝即最有道德、最有学问的圣人。圣人天生。

4. 分职任官。此即圣人治天下最重要之方法。每一任务找一适当的人去做。根据这人的真正的名声（名目），帝王给以相符的名分。名实在在相符，天下即治。此即实行名教也。

5. 士大夫责任。做官为士大夫之责任。学以致用，要发挥才能必须做官。

6. 垂拱而治天下。帝王将一切事情安排好（即分职任官），无为而治。圣人之体虚无，圣人之用无为。

四、名理之学

1. 名理者，名分也，人君臣民各有其职位，此政治之理论也。又为名目之理，识鉴人物，论人物之性也。晋人谓善谈名理，言玄理也，此非原来之意义。

2. 欲天下得治，即须分职任官适当，如是则须"知人"。知人则以众人对某人之品评及其声望为根据，郭泰等能拟人如其伦，评论人物恰当也。汉人之清议，即批评国家之特殊事务与特殊人物（所谓题目人物也）。名理之学，即论述此等原理也。

3. 名理家自称根据孔子正名之说，实取法家之精神，曹氏之重刑名可证。又，名理之学混杂有道家之学说，继承了王充以来反传统之运动。

4. 名家之学之要点可列述如下：

a. 其一为观人。观人取乎相法，与五行说有关。进一步看人之行动举止，更进一步则看人之神识，而不看重形相。能观人之神为真能观人。

b. 才性论。性者本，才者用。名家不讲性情论，因其学说旨趣多在伦理政治也，故多论才性同异，才性大小。

c. 重谈论，观人应观其言论。欲为官者，则必须修饰其言谈。谈论必须聚众，乃有党，谈论之人当时被称为浮华之人，最出风头。

d. 人君知人。人君欲治世，必须知人，使人人能尽其才能，最能知人者为圣君。圣君之德为中和或中庸，中庸者，不拘于一偏，超乎普通才性之上。普通人或文或武，或文武双全（英雄），而圣人则超乎文武。普通人明乎此而失于彼，而圣人则有茂于众人之神明，言其能一切皆明也。有此君德，人君乃可无为而治。

一如名理之学为汉人清议之进一步，玄学亦为名理之学之更进一步，故名理之学可谓准玄学。

五、由名理至玄学

名理之学与玄学有莫大关系。

1. 名理之学为汉学之反动。其所研究之问题不一定与汉学异，然其研究之方法的确与东汉人不同，趋向简单、抽象、合理化之途径，要抓住那最重要的原理。更进之，要给政治人事找一形而上的根据。玄学为名理之学的更进一步，正如名理为清议之进一步。要给政治人事找一形而上的根据，最容易的自然是往老庄找。此因一方面老庄之形上学本出色，而汉人又本喜老庄也。尹文子即名家套上道家帽子者。

2. 名理之学讲名实。有文武智勇之才性者，即有名者，可为人臣。圣君以中和为德，超乎一切才能之上，故无名。故进之可说君为合于道，具道之全，而人臣得道之一体，具此理或彼理。汉人原有人君配天之说，以为人君法天道，法自然，于是名理之学套上了道家的套子。

3. 名家找出一个新的方法给玄学家，即"言意之辨"。因有此，玄学家乃可脱离汉学之羁绊，且忽视之。王弼以为汉人讲象数，为言而不得意。同样，礼法为末节，为言；而逍遥为本，为意。

第三章

言意之辨

一、言意之辨

此学说如 Occam's razor[①]，用此利刃把汉人的芜杂全削除了。名家发现言意之辨，由其知人论事来。观人不能单观其言论骨相，而必须观其全，观其神。知人常常不能言传而只能意会。能言传者如形貌。普通人只注意人的特殊的形貌之点。而能知人之人君，则注意人之神识。神识只可意会。嵇康《声无哀乐论》所说的言意之辨即此等观人之法。晋欧阳建《言尽意论》亦以此说原为名家所用。"言不尽意，由来尚矣。至乎通才达识，咸以为然。若夫蒋公之论眸子，钟傅之言才性，莫不以此为谈征。"（蒋济有《眸子论》，谓观其眸子可以知人，以眼能传神也。钟傅，钟会、傅嘏也。论眸子与言才性，皆名实之辨也。）"天不言而四时行，圣人不言而鉴识存焉。"（亦欧阳文中语）可见当时名家讲言不尽意，乃就识鉴方面说。

二、王弼之创见

王弼略后于蒋济，而与钟会同时齐名。王弼受当时名家论

[①] "奥卡姆剃刀"（"如无必要，毋添实体"），又见第十章注。

言意之辨的影响，亦甚注意此问题。"言不尽意"原为《易经》中语，提出此问题而未给答案。汉人讲象数，象数名言也，非说它能尽意不可。王弼取《庄子·外物篇》之意，谓"言所以尽意，得意而忘言"。言为意之代表，最要者为得意。王弼《易略例·明象》一章中即说明此意。言或象数为第二重要者。故讲易不应拘拘于象数，而应得圣人之意。象数之学至此乃被丢开，是可以说为玄学之开始。因王弼乃专讲形而上学，真正的学问不在讲宇宙之构成与现象，如汉人所说然，而在于讲意——本体，讲本体论。

三、言意之辨的用处

1. 经籍之解释。汉人解释经典，为章句之学，照字面讲。玄学家则用自由的解释，在乎通其大义，且实为注疏者自己的意见，而非必原来经籍大义。不但汉唐人之注疏与魏晋人的不同，而且当时南北朝亦不相同。《隋书·经籍志》谓："北学深芜，南学清通。"盖北学上承汉学，下启隋唐之风，而南学则为另一派头。

2. 玄理之骨干。玄学家有意或无意都用言意之辨的方法。王弼以之建立玄学固无论矣。兹举阮籍、嵇康为例。阮籍与王、何异趣，为 romanticism[①]。宇宙是一大和（harmony），如音乐之富节奏，而非若王、何所谓有 order[②]，有宗主者。嵇康《声无哀乐论》谓哀乐乃人情，而声为天籁（pure harmony）。天籁本无所谓哀乐，人听之乃觉得有哀有乐。正如语言为一种标识，代表意。意虽一，而言语依时依地不同。声或音乐亦然，

---
① 浪漫主义。
② 命，亦可译为"秩序"，有必然性的意思。

无哀乐可言，然因时因地因人而不同。言宇宙本体亦然，为一 whole①，为 indetermined②，非此非彼，非黑非白。（何晏语）

3. 调和孔老。玄学家多是贵族子弟，故大多皆经礼教之熏陶。当时之教育材料，自以经为主，而以诸子为辅，故玄学家大多皆自认为儒家之徒。惟嵇康有非周孔薄汤武之语，然亦非完全反对儒家。玄学家既欲为儒家装门面，自非设法调和孔老不同。①儒道大义根本不同。a. 苟粲（好道，而其兄弟辈皆好儒）以为儒讲人事、仁义，而道讲天道性命、道德。道皆可道，即可以言，而后者为意，在言外。本体之学绝言。"夫子之言性与天道，不可得而闻也。"儒家六艺不过是圣人之糠秕。此为解决儒道矛盾最极端之一例，斥儒尊道。b. 王弼则不反对儒，他以儒家之瓶装道家之酒。言象本可以代表意，但不能执著言象，须存意，得意可忘言。言有其用，用以指体，然不能以指为体也（例如，指月）。儒家名言之教，在教人得到体也。盖王弼以为体用一如，体即在用中，体用不二。故儒道虽二方面，一讲人事，一讲天道，然实为一个东西。何晏谓：若王弼者，"始可与言天人之际"。天人之际，汉人常讲，而为宇宙论的。王、何"始"讲，从本体论讲天人之际。（何晏之意，天人似分开，盖其论性情，以为二事也，而王弼则不然。）又，本体既为绝言超象，从事天道性命之学者，至其"极"，亦要无言。"天何言哉！四时行焉，百物生焉。"故孔子说："予欲无言。"然无言实最丰富之言。天无言，而四时百物自然生灭。孔子无言，而教化行焉。体不废用，本不废末。《论语》虽专讲人事者，实处处在讲天道性命（参看第五章之第七之三）。②儒道经典中

---

① 总体。
② 不定者。

有互相攻击之语，玄学家亦以言意之辨解释之。郭注《逍遥游》一开始即讲读《庄子》必须看其意，而不能单从文字上看。盖庄子"寄言出意"。庄子攻击儒家之言甚多。郭注皆以为此乃寄言出意，真意并不反对孔子。王、何不反对孔教，却也并非不注意孔、老之冲突。西晋，有人明目张胆反对孔教，孔、老之冲突乃极显著。向郭不得不注意此问题，故《庄子注》中必欲为攻击儒家之语解释。同时儒家攻击道家者亦甚多。如扬子《法言》，崇六经而贬诸子。晋李轨作《法言注》，以为扬子看不起老、庄，乃文字上如此，真意并不然。孔、老之争，牵涉到对诸经诸子的看法，牵涉到教育材料问题。汉学家与玄学家对此看法极不同。若《抱朴子》，虽为晋人，主以经为主，以子为辅，其学实似汉人也。

4. 生活准则。玄学家并不空谈，实欲以其学问为生活准则（至于能否实现，为另一问题）。阮籍说："得意忽忘形骸。"得意，故能忘形骸。在人格上，自己有一境界，对世事乃淡漠。人能清静无为，如大人先生。此为得意，为风流。风流之士约有二类。①嵇康、阮籍只求自己得一境界，内心有其得意处，内心有丰富的生活，乃对政治人事淡漠。内则顺乎自然，外则菲薄名教。其后菲薄名教成为社会上之风气，以怪僻之言行自炫，而全不注意内心生活。②乃有一个理论产生：得意则忘形骸可，忽忘形骸亦可。得意不必忘形骸，顺自然不必废名教。

四、佛家义学之变迁

言意之辨对中国佛家有重大关系。中国人如何了解佛学？即用言意之辨之法。魏晋佛学之风行，亦因用此说。汉人之佛教为方术之一种，流行于民间。帝王间亦受影响，而士大夫多忽视之。当时传入之书，有毗昙，其书列举名相而逐条解释（如汉末之《阴持入经》）。魏晋人称此等佛学为"数论"，实如教科书。中国人读佛经，本来困难在了解名相。若以中国名家与之比较，则能帮助了解。如以五行与四大对比。其后竺法雅创"格义"，即"以经中事数拟配外事"。格义支离破碎，从语言上做工夫，以调和中印思想。佛教玄学家兴，打倒格义，其武器亦用言意之辨。

汉末佛教约分二派：康僧会一派重祭祀、服食、吐纳、升天，掺杂一些禅法，讲小乘法数。支谦一派为大乘空宗之学，扫除一切相数。前一派总结旧汉学，后一派则下启新玄学。为逃王莽之统治，关中士大夫多有逃往江东会稽一带者，江东因之产生一种新学（王充为最著）。三国时，支谦即在江东（至荆州新学，与佛教影响甚少）。讲法数者说格义，受空宗影响之佛学家反对格义。东晋初有道安，他亦先讲禅法，到南方后乃反对格义，以为只要意思对即可，不必专从语言上下功夫。鸠摩罗什及其弟子僧肇、昙影、道生等，皆反对以前佛学家之注重名数，正如王弼之反对象数，只要能体会本体，懂得空宗的意思即可。在道安与鸠摩罗什之间，本有很多僧人从罽宾来，皆讲小乘。罗什来中国，空宗大盛，小乘被打倒。不但此也，僧肇等且把印度佛学变成中国的学问。《肇论》亦不若《般若经》之重阴入等之名相（支道林以印度名相讲佛学，人皆以为难懂，僧肇等则不同）。道生等又以为宗教为第二义的，如说净土乃为引诱人懂空宗学说而设。道生《法华经注》中谓，对经典迷信其有何种神通，乃权教。权教与实教相对。《维摩经》四依，依法不依人，依义不依语。《般若》说空拳诳小儿，皆言意之辨也。此种佛学为义学，其注书为义疏，与汉之数论截然不同。

此种佛学家忽略宗教方面之仪式,尚清谈一如玄学家,与印度之佛学又大相径庭也。

第四章

本末有无之争

一、玄学家之中心问题为本末有无之争

本为体,末为用(王弼始以本末为体用)。本无末有为玄学家大多数人之主张,但亦有以本为有者。前者如王、何,后者如向、郭。

二、贵无的动机

1. 遗世。此与佛家出世不同,因其不离开现实社会。遗世只是轻忽人事。人事纷乱外,更有私欲为累。欲求忘累,故贵无。遗世之由,分析之,约有四端:①魏氏秉政以来,名士迭遭杀戮。②神游之说盛行。神游后衍为逍遥。③反对礼法。④君主认为有许由这样的人格才可成为尧舜。周𫖮曰:"纷纷横沸,皆由著有之家因俗,兹焉是患。既患由有滞,而有性不明,矫有之家,因崇无术。"此所谓有无皆就人事言。

2. 形而上学之理由。汉学在探索宇宙之本原时,把繁复之万有归纳之,得有一定性之元素,如五行,再进之,如阴阳、元气。元气在太初其态中,无色、无形、无性。故汉学自然发展,后来亦达到贵无之说。但此所谓无,乃本质,而非本体。

形而上学之理由，可分为三点：①本质。何晏、道安之主张是也。②无（体）。王弼为代表。③简易。王弼说："物无妄然，必由其理。"万有繁杂，自然之理则简易也。

3. 主张无为政治。历史上常有这类记载，谓当时如范宁等反对无为，认为政治之所以坏，皆由清谈无为而来。其实不然。范宁等亦为玄学家，亦讲无为，不过给无为以不同之解释而已。①汉人讲黄老之术，为君者无为，不扰民也。此非玄学家之主张。②魏晋人之无为政治，自垂拱而治之说来。为君在法天，分职任官，把臣民都安排好，大家安分尽职。无为并不是不做事。此说《淮南子》中始言之，名理家兴起后才盛行。郭象《庄子注》及其他崇有论者多主张之。

第五章

贵无之学（上）

——王弼

贵无之学有三个系统。一为王、何，二为嵇、阮。王、何二人又不同。王为全新的人物，何则尚脱不了汉学之风。而最脱不了汉学的意义者为张湛、道安，此二人为其三。

一、自汉学至玄学

1. 何晏与王弼。王何二人并论，其故在何晏地位显贵，为王弼之说鼓吹，且当时玄学家不多，王、何、夏侯玄等同时倡导此风，故常并论也。然何晏实带汉人气味。何晏著《论语集解》。此非他一人之作，集前人之说而成。此书不能代表他的思想。《列子·仲尼篇注》引何晏《无名论》一段。又，《列子·天瑞篇》引其《道论》一段（相传何晏以为王弼之说与其道论相合，故称之）。又，《晋书·王衍传》有一篇《无名论》，相传为何晏作，然颇可疑。从《无名论》可知何晏取名家说法，而以道家之意作为其形上学之根据，此与王弼同。从《道论》可知何晏尚不脱汉学窠臼。《无名论》云："为民所誉，则有名者也。无誉，无名者也。若夫圣人，名无名，誉无誉。"汉以来，以名治天下，为舆论所称，则有名者也。有名者或文或武，而圣人则超乎文武，故名无名。"谓无名为道，无誉为大，则夫无名者，可以言有名矣。"（圣王知人授官，故有名出于无名。比之道体万有，亦然。）"无誉者，可以言有誉矣。然与夫可誉可名者，岂同用哉？此比于无所有，故皆有所有矣。"而于有所有之中，当与无所有相从，而与夫有所有者不同。君为诸臣之共同之因。诸臣互相不同，或文或武，互不同皆出于同。故曰当与无所有相从。"夫道者，惟无所有者也。自天地已来皆有所有矣。然犹谓之道者，以其能复用无所有也。"天地万物皆有所有，然皆自然运行，正如国家之治以圣人故。道究竟是如何的？汉人谓万物为五行之联合，五行出于阴阳。在阴阳未分时为太素，为元气。此从宇宙论说也。何晏道论中说，万物有黑有白，而道无黑白，却为黑白所从出。此说与汉人无大差别。道出于现象之外，现象之后，为本质。然此所谓道实为一实物，在时间中。故此种学说为科学的学说。王弼之说不同于此。王弼所说道与时间无关。道即宇宙全体。汉人与何晏之说为本质的学说，王弼之说为本体的学说。前者认为万物之性以外有本质。本质无名，而与有名为两个东西。后者则认为体用不二。

2. 王弼的大衍义。何劭《王弼传》（《三国志·钟会传注》引）为现存之最早最有价值的王弼的传记。其中载王弼与裴徽之谈话，何晏称许王弼，又何、王二人论性情之不同。其中又载荀融反对王弼之大衍义（荀融本为王弼之友）。《易传》云："大衍之数五十，其用四十有九……天数二十有五，地数三十。"汉时经学大师马融释五十为北辰、两仪、日月、四时、五行、十二月、二十四气。北辰（天极宫）居中不动，故曰其用四十有九。马融又谓北辰即太极。郑康成则释五十为十月、十二辰、二十八宿，此说出于易纬。而四十有九者，则以天地数共五十五，去五行，又减一（为何减一，郑未明说）。荀爽则释五十为六爻、八卦为四十八，再加乾坤用九用六共五十。准初九勿用，故四十有九。姚信、董遇则以为天地数五十五，每卦六画，五十五减六为四十九，五十则未释。《易·系辞》与后来哲学最有关者为太极一观念。欲说太极，则必牵涉到大衍之数。王弼"大衍义"即以玄学家之眼光来释天地之数。"大衍义"已佚，韩康伯之注保留一部分（宋人谓韩亲受业于王弼，此可疑，然韩之注与王说近似）："王弼曰：演天地之数所赖者五十也，其用四十有九，则其一不用也。不用而用之以通，非数而数之以成，斯易之太极也。四十有九，数之极也。夫无不可以无明，必因于有。故常于有物之极，而必明其所由之宗也。"韩康伯说："有必始于无……取有之所极，况之太极。"无者非别，即有之所极。万有或大或小，皆可以数形容。"有"可以有数，"无"无数。盖数者所以记物。四十有九，数之极，亦有之极也。大衍之数，实只四十九，其一非数，以非"有物"故。然有无非二，有物之极与所由之宗非二。其一不用之一，非数之一，乃形上学之一，一即全，即不二。

汉学研究世界如何构成，世界是用什么材料做的。推源至太初、太始或太素，有元素焉。元素无名，实为本质。汉学为宇宙论，接近科学。汉人所谓元素，为"有体"的，为一东西。唯在其表现之万有之后。王弼之说则为本体论。此所谓体，非一东西。万有因本体而有，超乎时空，超乎数量，超乎一切名言分别，而一切时空等种种分别皆在本体之内，皆因本体而有。王弼不问世界是 what, or what is made of（什么，或由什么构成）。亚里士多德说种种科学皆讲"什么", being this or that（是这个或那个），而形上学讲 being qua being（存在之为存在）。以下分论王弼之学说。

二、道

1. 体、无体。道有众义。其一为理，其一为元气（如《淮南子》）。前者为抽象的，后者则为具体的东西。汉人以至抱朴子，二义混用。王弼所谓道，则与之不同。《论语释疑》云："道者，无之称也。无不通也，无不由也，况之曰道。寂然无体，不可为象。"无为体，此所谓寂然无体，无形体也（旧时所谓体，皆如身体之体。至王弼始以之为本体）。本体非物，物有数有象，可以用名言去说它。非物，故非数（非四十有九之一），非象，无名。万物纷杂，本体则寂然。形容本体，拟议本体，最好之辞为道（王弼以为"强为之名曰大"尚不妥）。道即 whole, 即 order, 无汉人之元气为质料义，而有为法为理义，故曰"通"，曰"由"。说元气先天地生，在时间中，而王弼所谓先天地生，无时间先后意。"不知其谁之子，故曰先天地生。"

2. 道之别一名为常。①常有本然义。本来如此曰常，常对奇言。对个人说，有许多事很可怪；对宇宙说，则无所谓奇，一切本来如此。人对外物不能了解，不能控制，乃以为有奇。其实无奇。②常有静义。《老子》二十五章注："返化终始，不失其常。"万有千变万化，皆有其理。③常有绝对义。"指事造形，非其常也。"（《老子》一章注）指事造形，特殊的、具体的东西有变化，全则不变。有变者为相对，不变者为绝对。就此点言，亦可说常有静义。但此谓静，为绝对的静，包括动静言。

三、自然

《易略例·明象》："物无妄然，必由其理。"物无妄然，即自然。此二句即"道顺自然"之确解。道即全，即 absolute（绝对者），即 order（命）。一个东西之所以有，必有所由。万物之有，必由乎道。"物皆不敢妄，然后乃各全其性。"（《周易》无妄卦注）如妄然，则失其性。性即物之如此如彼也。有出于道，亦即有生于无义。

四、道德

汉有才性论，正始有道德论（后更衍为有无之辨，真俗二谛之争，其实为同一问题）。何晏道德论已为形上学的。王弼所谓道为自然，为常，德即指事造形。"道者物之所由也，德者物之所得也。"（《老子》五十一章注）道德论即无名有名之关系，亦即性与变之关系。王弼以道为体，万物得其一德，与汉末人异。（汉末之道德论，如尹文子[汉末？]，实为一种政治学说：君主合于道①，而臣民得其一才。）《明爻》一篇，说宗主与情伪，其关系为动的（dynamic）。全即 totality，即 order，谓全为静，乃绝对的静，超乎动静。

五、极

即道之全也。六朝人谓之"宗极"（王弼说极说宗，亦同义）。万有皆出乎道。指事造形，具数理而有。此谓之得（佛家谓之取），在宇宙间得其一定的地位也。此即顺乎自然，即不敢妄然。对"数个理"而言，王弼说道之全。道之全即有之极，即无。个别事物皆有其一定地位，不敢妄然。但若因此"殊其己而有其心，则一体不能自全，肌骨不能相容。"（《老子》三十八章注）一切的安排与秩序即极。王弼有时又说"一极"，明不可分也，又说"大极"。

---

① 王弼说宗主，以道为主，犹带君主合道说之痕迹。

六、反本

"复者反本之谓也。天地以本为心者也。凡动息则静，静非对动者也。语息则默，默非对语者也。然则天地虽大，富有万物，雷动风行，运化万变，寂然至无，是其本矣。"具体的事物 A、B 是相对的，二者可以互相冲突，互相排斥。故曰："若其以有为心，则异类未获俱存矣。"王弼所谓天地非道。"天者形之名也。"(乾卦注）本即无，天地以无为心。王弼之说与政治学说有密切关系。以无为心，即大公，无私，无我。以有为心则反之。天地以无为心，万物自然运行。君主以无为心，乃合于道。若以有为心，则拘于仁义。"健者，用形者也。"健即道。具体的事物 A、B、C 等各具地位，各有其用，是谓顺性守命。然此犹是私，以有为心。反本，即以无为心，则明全体大用。此即道之自用也。具体的事物各有其得（或取），是谓德。道之自得（其实无得）为上德，或圣德。就道体言，道以无为体。就上德言，道以"无"为用。（过去释为以"无为"用，误。）《老子》三十八章注："夫大之极也，其唯道乎。自此以往，岂足尊哉？故虽盛业大富而有万物，犹各得其德。虽贵以'无'为用，不能舍'无'以为体也。不能舍无以为体，则失其为大矣，所谓失道而后德也。"此所谓德实为上德或圣德。"盛德大富而有万物"，在政治上说，即君主之治天下。在形上学说，即道之全体大用。用不能舍体。以无为用，即老子所谓"冲而用之"。"执一家之量者不能成家，执一国之量者不能全国，穷力举重，不能为用……"有无穷之力，才能治天下，即为有圣德之君。A、B、C 因全而有。若 A、B、C 各只顾自己，各守性命，则至多只是"良民"而已。若 A、B、C 不忘本体，与全体大用打成一片，乃成圣人。是为"与天地合其德","与极同体"。如此不失，不忘其体，是为反本，是为复命。四十章注："天下之物，皆以有为生。有之所始，以无为本。将欲全有，必反于无也。"十六章注："复命则得性命之常。""唯此复乃能包通万物，无所不容。"四章注："冲而用之，用乃不能穷。"问：何以普通人不能反于无？三十九章注："物各得此一以成，既成而舍以居成①。居成则失其母，故皆裂发歇竭灭蹶也。"万有之存在由于本体，非离本体而自存。然既成，且自居于成，乃居末而忘本（居末，故忘本）。A因其在全中之地位而存在，A自居于A，乃忘本，则不能全其生。（《老子》四十章注）

七、政论

1.圣人。《老子》各章所说圣人大半皆指君主。在《论语释疑》中，王弼谓君子有二义：一指帝王，一指"德足君物，皆称君子，有德者之通称"。自汉以来，皆信圣人天成，王弼似亦持此见解。"圣人茂于人者，神明也。"神明天成，然王弼所说圣人之内容与儒家说不同。圣人有"则天之德"，无名，中和，与道同体，与天地合其德。圣人之治天下，分职任官，各得其当，即分职合其名分，用人合其名目。分职用人为有名，圣王无名。无名统有名，有名以无名为主。二十八章注："真散则百行出，殊类生，若器也。圣人因其分散，故为之立官长。以善为师，以不善为资，移风易俗，复使归于一也。"三十二章注："始制官长，不可不立名分以定尊卑……任名以号物，则失治之母也。"三十八章注："夫仁义发于内，为之犹伪，况务外饰而可久乎？"二章注："自然已足，为则败也。"

---

① 成言其终，生言其始。

2. 因。王弼所谓无为，为 natural，对人伪言。任天，或则天行化，非故意如此或如彼。帝王行事，无论为善举或刑罚，皆非矫揉造作，而顺乎自然。顺自然即顺性。物无妄然，皆由其理。顺性即因其性。一为无身。A、B 等自居于其个体或个性，则失其性，此即私。"惟无身无私乎自然"。若以自己为体，为本，则私乎自然。圣王无身，与天地合其德，是为公。圣王行事，无论善举或刑罚，皆为当然。此即亦顺自然，亦即因（参见二十九章注）。帝王之治天下，对于万物万事皆"因之"而已。无为非不作事，政治上一切活动皆应有，但帝王所行之事非造作，而是顺乎自然。王弼不攻击儒家之名教。《老子》三十八章所蔑视之礼，王弼以为是文饰之礼。《论语》云"立于礼"，《论语释疑》云："礼以敬为主。"因即顺自然，即无为而自化。要做到如此，首先圣王必须大公无私。其次，圣王以观感化人，而不以刑制使物。《周易·观卦注》云："王道之可以观者，莫盛乎宗庙……观之为道，不以刑制使物，而以观感化物者也。"宗庙祭祀实大有功用，就是刑制，只要"因"，亦应有。《讼卦注》云："无讼在于谋始，谋始在于作制……物有其分，职不相滥，争何由兴？"刑制名分使人各得其分，则可免争。又，因非不变。《革卦注》："凡不合而后乃变生，变之所生，生于不合者也。"民不喜欢变革，但圣王知宇宙间本有变。不合则变，变须得当。《鼎卦注》："革既变矣，则制器立法以成之焉。变而无制，乱可待也。法制应时，然后乃吉。贤愚有别，尊卑有序，然后乃亨。"《明卦》云："夫时有否泰，故用有行藏。"

3. 儒道——穷通。虽然老子反对仁义、礼，要弃圣绝智，王弼则以为此是反对假的圣贤，假的仁义（何晏亦如此主张，见《世说新语·文学篇》注引《文章叙录》"晏说与圣人同"）。

王弼以为自己的学说为儒的一种解释,并非反对孔子。王、何皆以为"老不及圣",然而何以性与天道等,《论语》却不多说,而《老子》讲得很多?《三国志》注引《王弼传》中记裴徽问《论语》书中何以不讲无,王弼答:"圣人体无,无又不可以训,故不说也。老子是有者也,故恒言其所不足。"圣人要教人,故不说无。且就圣人自己讲,亦不必说。王弼把孔老拉在一起说,以名教为训,形上学为体,形上学为名教之根本,而名教为形上学之例证。王弼把名家说放在道家基础上。王弼既以圣人为君,何以有些圣人(如孔子)不做君主?《论语》云:"用之则行,舍之则藏。"玄学家以为孔子本有圣德,可为君主,但天地有数有命,圣人乃有穷通之分。"逢时遇世,莫若舜禹。"《论语释疑》注"子见南子":"否泰有命,我之所屈不用于世者,乃天命厌之。"王弼之说如决定论,物无妄然。宇宙有一定之消长,此命也。穷通之论,最初玄学即讨论。扬子《太玄赋》云:"观大易之损益,览老氏之倚伏。"汉人讲天道即祸福吉凶,扬子讲玄亦讲此。张衡《思玄赋》云:"吉凶倚伏,幽微难明,乃作思玄赋。"张、扬之玄与王弼之玄自然大不同。但王弼之说用舍行藏实根源此最早之玄学。汉人热心政治,认为应该做官。汉末三国人乃渐厌弃政治,以为不一定要做官,做隐士亦可。王弼穷通之论与此倾向相合。《观卦注》且以为隐遁者亦可为民所观。

八、工夫

除佛家外,玄学很少讲工夫。就王弼之系统说,人类分二部分,臣民各得一体,具特殊之理,有特殊之功能。臣民被统治,而君主则得道之全。君主是圣人,天下自然有秩序。故王弼少讲臣民而多讲君主。君主如何治天下?这方面王弼也讲得很少。

因为王弼相信:①圣人智慧自备(参见二章注),且圣人顺自然,不造作。"为则伪也"。圣人不需要常人之"学"。②圣人之智慧即明。《明夷卦注》:"藏明于内,乃得明也。"圣人之明不外露,无锋芒。《蒙卦注》:"蒙以养正,乃圣功也。"圣人有明,乃能知人,乃能善任。如此,则无为而无不为(《老子》注释"人谋鬼谋"一节可参)。此种说法,原自名家来。

③只要圣人体无,不必讲体如何如何,只须讲儒家之名教即可。

九、性情

1.材料。(a)何晏说圣人无情,王弼不同意,为文辨之。此文有一段保存在《三国志》注引何劭《王弼传》。(b)同传王弼给荀融书曾说:"以情从理。"(c)《乾卦注》:"不性其情,何能久行其正?"(d)何晏《论语集解》释颜子不贰过,以颜子能以情从理也。

2.应注意之点:(a)圣人只有几个人才合此资格,其他若颜子则为贤人。何晏说颜子以情从理,王弼说圣人以情从理,若谓二说同,则误。(b)自汉以来,性有二义:董子《春秋繁露》:"身亦两,有贪仁之性。"此性包括情言。又云:"身之有性情也,犹天之有阴阳也。"此性与情对待言。(c)性情之分别,从善恶方面言,即性情相应不相应问题。或说相应(或皆善或皆恶),或说不相应(即性恶情善,或反是)。最普通之说为性情二元,即性善情恶。然刘向则谓性情相应,性不独善情不独恶(荀悦《申鉴》甚推崇刘说)。(d)性情之定义,各派异说。与性情相关之问题如善恶、理欲等,各派皆讨论。然以立场不同,定义各异。对于性情之分别乃各异其说。①董仲舒、班固等从阴阳说性情,性阳情阴。②又有从理欲说性情,性顺理而情纵欲。儒家所持之观点常如此。⑧又有从动静说性情。情为性之动,性为情之未发。性生而然,为阴。情为已发,形外,接物而发,为阳。刘向之性情相应说是也。《礼·乐记》:"人生而静,天之性也,感于物而动,性之欲也。"此为最早从动静说性情。很显然本为道家之说。(e)《复卦注》:"动非对静者也。"动静(或体用)非二,是王弼说。

3.《王弼传》:"圣人茂于人者,神明也;同于人者,五情也。神明茂故能体冲(中)和以通无;五情同故不能无哀乐以应物。"此王弼驳何晏圣人无情之说也。同传与荀融书:"明足以寻极幽微,而不能去自然之性。颜子之量,孔父之所预在(知?)。然遇之不能无乐,丧之不能无哀。"自然之性即情也。《论语释疑》:"喜惧哀乐,民之自然,应感而动,则发乎声歌。"可证应物之确解即应感而动。圣人体幽微,明穷通,颜子之寿夭,孔父皆知之,然遇之不能无乐,丧之不能无哀。依王弼说,性善情亦善,性恶情亦恶,亦从动静说性情也,而与何晏以情顺理之说全异(《申鉴》和王弼《明卦》及其对乾、咸、临、大壮诸卦注释可参考)。何晏之本体论似分二截,故其性情论说圣人无情,圣人以下者,贤人为能以理化情,常人不能。王弼之本体论说体用不二,其性情论说圣人与常人皆有情。唯圣人能性其情,久行其正,能随心所欲不逾矩,常人则不能。颜子三月不违仁,是贤者矣。王弼又以为:"然则圣人之情应物而无累于物者也。"[①] 答荀融书又云:"又常狭斯人以为未能以情从理者也。今乃知自然之不可革。"应者感也,即《乐记》"感于物而动"之感,即《大传》"寂然不动,感而遂通"之感。寂然

[①] 承上文驳何晏之语。

之体,感于物而动,即为情。情包括感情与情欲二义。圣人有情,此从动静方面说也。圣人性其情,则自然能以情从理。答荀融书所云多戏语。以情从理,非从动静言,乃从善恶言。

第六章

贵无之学（中）

——阮籍和嵇康

一、嵇康、阮籍在玄学中之地位

嵇康、阮籍与何晏、王弼不同。王何较严肃，有精密之思想系统；而嵇阮则表现了玄学的浪漫方面，其思想并不精密，却将玄学用文章与行为表达出来，故在社会上之影响，嵇、阮反出王何之上，而常被认为是名士之楷模。嵇阮之为名士，与以前之名士不同。汉之名士讲名教，其精神为儒家的；嵇阮等反名教，其精神为道家的。此种转变之故，有四点可述：（1）汉学之穷，老庄乃兴；（2）魏武、魏文出身贫贱，故反对世家大族之名教；（3）曹家压迫汉末名士，荀彧抑郁而死，魏讽之诛，遭难之名士达数百，王粲、宋衷之子皆不免，因此名士乃趋消沉；（4）名士之倾向故主与目睹新朝廷之腐败，乃如嵇康所说"不须作小小卑恭"也。

阮籍为人至慎，口不言人过，但玄远放达，此皆因以故臣立足新廷，怕遭杀身之祸，故饮酒佯狂，终得免于难。嵇康为人，锋芒较显，其《家诫》中以忠义勉子弟，谓"不须作小小卑恭，当大谦裕。不须作小小廉耻,当全大让。若临朝让官,临义让生,若孔文举求代兄死,此忠臣烈士之节",而终遭钟会之忌,不免于难。嵇阮之放荡,皆有所为而为,或惧患祸,或为愤世嫉俗。其放达并非为放达而放达,亦不想得放达之高名;晋之名士,则全异其趣,而流弊多矣。

放达之士,其精神近庄子,嵇阮开其端,至西晋而达极盛。讲《老》《易》者如王何,较严正,以名教合自然。讲庄子者则较浪漫(romantic),反名教。以反名教故,乃引起很多人反对之。向秀、郭象乃一反当时之风气,给《庄子》以新的解释,谓庄子亦并不反名教,则有"崇有"之学。

二、嵇康、阮籍之学说

1. 元气说。嵇康、阮籍把汉人之思想与其浪漫之趣味混成一片,并无作形上学精密之思考,而只是把元气说给以浪漫之外装。他们所讲的宇宙偏重于物理的地方多,而尚未达到本体论之地步。二人以阮籍的思想较好,他有《通老》《通易》《达庄》等论。《达庄论》讲宇宙之实体与郭象等之说完全不同。他说:"天地生于自然,万物生于天地(按:指所看见的)。"天地为两个,自然为一个;元气为自然,分而为天地,即阴阳。自然为一体,有时变为山河大地等等,所以他说:"一气盛衰,变化而不伤。""气"是恒常(constant),所以不能增减。"人生天地之中,体自然之形。身者,阴阳之精气也。性者,五行之正性也。情者,游魂之变欲也。神者,天地之所以驭者也。"(《达庄》)身与神有何分别,阮氏未之明也。"神"在阮氏学说中极为重要,因"神"也可以说为元气。据他看来庄子之宇宙就是元气、阴阳、五行等等,此说与王弼所说完全不同。王弼之学说,以为

"有"是物质的实体（physical entity），"无"是logical，抽象的，并不离开"有"，不像"气"之包含一切。所以说阮籍之学乃为汉人之旧。

嵇康之《太师箴》说宇宙"浩浩太素，阳曜阴凝，二仪陶化，人伦肇兴"；《明胆论》："夫元气陶铄，众生禀焉。"宇宙为一浩浩元气，人生一切皆元气所造，元气衍而为阴阳五行，人乃或有"明（智）"或有"胆（勇）"及其他种种分别（此说并未超出形而下之学说也）。

2. 自然三义。自然为元气，盖就实体说，自然为"混沌"（"玄冥"）、为"法则"（"秩序"）、为"和谐"（"天和"），盖就其状态说。

（1）自然之第一义——混沌、玄冥。嵇康阮籍以为自然是一 undifferent state（不可分状态），如老子之"恍惚"、庄子之"混沌"一样，宇宙最初之时就是这种状态，或谓之"飘惚"、或谓之"玄冥"。这种状态，可引起人们种种想象，如西洋之浪漫主义时代。"玄冥"者，"玄"为同，"冥"为一，引而申之谓在本体上无分别、无生死、无动静、无利害；生死、动静、利害为一，哪有分别此与庄子"齐物"相同。玄冥是 primitive state（原初状态），是自然的，非人为的，犹如未经雕刻之玉石（朴），这种状态是最好的；社会上、政治上若有太朴之情形，是他们最理想的世界。在这世界内，无礼法之限制，精神上非常自由，诗人文学家多此想象，故嵇、阮有此思想。

阮籍《达庄论》中说："自然一体，则万物经其常。……一气盛衰，变化而不伤。是以重阴雷电，非异出也；天地日月，非殊物也。故曰：自其异者视之，则肝胆楚越也；自其同者视之，则万物一体也。""别而言之，则须眉异名；合而说之，则体之一毛也。"故"至道之极,混一不分,同为一体,得失无闻"。此所谓"极",自与王弼不同,总是"若有物焉"。太初即为自然,人生亦当返乎自然。此所谓"返乎自然"者,返乎太古也。太古人民淳朴,欲淳朴,故反世人之学。阮籍谓:"太古之论,玄古之微言","后世之好异者,不顾其本"。"本"即同、即混沌,与"异"即分别对。君臣仁义等分别,即"学",非本有。今异而古同,故须返古也。张辽叔《自然好学论》以为仁义亦自然所好。嵇康立论难之,以为"学"非自然,乃出乎抑制,应去此等抑制,让自然流露(此说颇似卢梭)。故为人应显,应坦白,而不可隐匿。嵇康《释私论》谓"私以不言为名,公以尽言为称",人欲之私使人不坦白,情不系乎所欲乃为公。"心无措乎是非"即无著,不拘于是非,乃能公。嵇、阮崇自然反名教,自然为同,名教为异,名教后天之学也。王弼与嵇阮皆认为道无名不可分,器有名可分。但王弼认为"无""有"不二,故并不因崇"道"而蔑视"器"。嵇、阮之学未脱汉人窠臼,道器有时间上先后,故道器可分为二截,既崇太古之道,乃反后天之器。但朴素之时代一定要达到名教之时代,混沌一定要被凿,淳朴之太古即已过去,此返自然,自非本来之自然,而圣人治天下亦非废名教。阮籍《答伏义书》认为遇时则可仕,不遇时则逍遥山林,而《乐论》则以为礼、乐是一个东西,"礼定其象,乐平其心,礼治其外,乐化其内"。可见嵇、阮并非绝对反礼教,而以虚饰之礼为不好。又,嵇阮并不全然反对君臣之关系,其与作《无君论》之鲍生自不相同。嵇、阮愤激之言,实因有见于当时名教领袖(如何曾等)之腐败,而他们自己对君臣大节太认真之故。嵇康《家诫》即说不要作小忠小义,而要作真正之忠臣烈士。东晋人尚知竹林名士与元康名士之不同,前者有疾而然，而后者则为放达而放达也。

（2）自然之第二义——法则、秩序。汉人说元气为有法则的、有秩序的，天有三纲，地有六纪，故人亦有纲纪，元气、阴阳、五行、四时皆有法则。嵇、阮之学说虽甚浪漫，然亦崇秩序与法则。就"自然"之构成说则为"元气"，而其存在之形式则为有法有则的。阮籍《通老论》说"圣人明乎天人之理，达乎自然之分"，"道者法自然而为化"。《通易论》说"易顺天地，序万物，方圆有正体，四时有常位"，"上下合洽，裁成天地之道，辅相天地之宜，以左右民，顺其理也"，"是故圣人以建天地之位，守尊卑之制"。阮籍从天地之法则讲到人事之法则，皆为顺自然也。但嵇康、阮籍所谓法则与王弼所说者自不同，此法则是有情调的，富于感情的，有音乐性的，其说为一种对宇宙之 poetic feeling（诗意的感情）。

（3）自然之第三义——天和、和谐。嵇康、阮籍以为"自然"是一和谐之整体，其所以"和谐"，盖因其为混沌无分别状，故是"和"；又因其有法有则，故是"谐"。此"和谐"盖为宇宙之"天和"（cosmic harmony）也。嵇、阮均为音乐家，常以音乐之和谐说明自然之和谐。阮籍《乐论》谓："夫乐者，天地之体，万物之性也。合其体，得其性，则合；离其体，失其性，则乖。昔者圣人之作乐也，将以顺天地之体，成万物之性也。"最好的音乐为尧舜的音乐，乃自然之表现，"八音有本体，五声有自然"。空桑之琴所以最好，乃因天地之和谐在此可以表现。云和之瑟、孤竹之管、泗滨之声皆如此也。"以此观之，知圣人之乐，和而已矣。""和"即天地之性、自然之理，并非人之感情，可以说"天和"为超越主观的分别。此点阮籍之《乐论》虽论及，然不甚圆满。盖使人有喜怒哀乐之音乐，不是真音乐，真音乐"使人精神和平，衰气不入"，此嵇康《声无哀乐》论之甚详。天地是和谐（harmony），音乐乃表现和谐（expressing the harmony），所以他说："默然从道（按指任乎自然）……和心足于内，和气见于外。"音乐能于天地相应，所以应超乎主观之分别，完全表现客观之特性，不但哀不是音乐，即乐也不属于音乐。此较阮籍更进一步。声音完全代表天地，超乎一切主观之分别，音乐既是表现天地之特性，所以也不应有主观之分别，嵇康说："音声之作，其犹臭味，在乎天地之间……其体自若而不变也，岂以爱憎易操、哀乐改度哉！"声音本身是自然的，所以说"声音有自然之和，而无系于人情。克谐之音，成于金石，至和之声，得于管弦也"。金石管弦都是自然的，所以应该表现自然的性质（"和"），因此可以拿它作音乐之器具。嵇康又说："声音以和平为体，而感物无常；心志以所俟为主，应感而发。然则声之与心，殊涂异轨，不相经纬，焉得染太和于欢戚，缀虚名于哀乐哉？"神游于辽阔之境，自然无哀乐之苦。

3. 逍遥放任之人生观。王弼之学说，最后归于抱一，即得乎全，也就是反本，此乃老子之学说。嵇康、阮籍之学说非自老子而来自庄子，得到庄子逍遥、齐物之理论，而用文学家之才华极力发挥之。他们虽也主张秩序，但偏于奔放，故其人生哲学主逍遥。其人生哲学之要点：①超越世界之分别；②既超越分别，故得放任；③逍遥为放任之极（神游于无名之境）。

（1）超越世界之分别。所谓"超越世界之分别"者，乃谓不受世间人事的限制，不为礼法所束缚。而人世之礼法，乃至内外情欲、声音颜色等一切外在的东西能剥夺人之天性。至人法天顺自然，故无是非，无喜怒哀乐之情，此所谓"无情"是真正的无情，非以情从理。"无情"则能于世界无分别。盖若有主观之分别，则伤人身体与精神，使人不能表现其天真，如阮籍《大人先生传》所说："造音以乱声，作色以诡形，外易其貌，内隐其情，怀欲以求多，诈伪以要名。……坐制礼法，束缚下民。"嵇、阮所希望者，乃在自然的状态中，有自然之流露。所谓伦常均非天真，有了伦常就使人有分别，有造作，有争斗，而不得反自然也。"无贵则贱者不怨，无富则贫者不争"，而"尊贤以相高，竞能以相尚，争势以相君，宠贵以相加，驱天下以趣之，此所以上下相残也"。在此两种不同之境界中，可以看出争与不争，分别与不分别之不同。嵇、阮之学说本来自庄子多，而得之于老子少。他们要超出主观的分别世界，而达到无分别之世界，此属其人生观之消极方面。

（2）放任。嵇、阮之人生观在积极方面则为放任。放任就能超越分别，即谓因超越分别而放任也。不为是非情欲所累，则其性超越，至人循性而动，应变顺和，超分别而游放，此即阮籍所谓之大人先生也。故曰："至人无宅，天地为客；至人无主，天地为所；至人无事，天地为故。无是非之别，无善恶之异，故天下被其泽，而万物所以炽。"放任即顺乎自然，有规则无规则之境界，此最和谐之境界也。能代表和谐者是音乐，音乐一方面奔放，另一方面有秩序，故人至放任境界是在无规定之中自有规定，如阮籍之"应变顺和"，嵇康之"和理日济，同乎大顺"。

（3）放任之极则为逍遥。受世界之束缚乃在于心，心若能放任，自无世界之累。嵇、阮以为人有形神两方面，而神可以超然，所以逍遥即神游也。故至人即世界内的神仙，是神游之人，为理想之人格。阮籍有《大人先生传》，嵇康有《养生论》。他们所说的"至人"不仅是做心理之描写，而且相信实有这种人，如阮籍《答伏义书》中就有这样的见解："荡精举于玄区之表，据妙节于九垓之外……从容与道化同逌，逍遥与日月并流。"此种神仙似的人物在现世界内就有，所以他说："徒寄形躯于斯域。"至人可既不脱离形躯，又不脱离世界，而精神则能不受限制，故嵇、阮之人生观乃由齐物而达逍遥也。

第七章

贵无之学（下）

——道安和张湛

一、道安的贵无学说

道安、张湛皆与佛学有关，其所注意的问题均为生死问题，故可放在一起讲。

（一）汉魏间之佛学

魏晋之佛学可分成二阶段，鸠摩罗什以前与以后不同，罗什以后之佛学为非有非无之学；罗什以前之学则为崇无，为此章所讲者。

1. 汉代道术。汉人称其学，无论黄老或方士之说皆曰道，道术有一部分曰方术。盖方术者，要在长生久视，盛于燕齐与荆楚之地。汉武帝惑于李少君，祀神求仙；楚王英惑于道士刘春，斋戒祭祀，均与长生久视有关。然汉代道术则有两特点：①道术皆脱离不了政治，司马谈谓道家为君人南面之术；《史记》谓邹衍等"以仁义为本"，亦为政治之说。而五德终始、三统循环、封禅之说、灾异之论等等，皆与政治有关。甚至《太平经》虽为神仙家言，亦自称为政治学说，进言广嗣兴国之术。②方术之方有巫术（Magic）之义，如召鬼神、祠灶均是。

2. 汉代佛学。汉代佛学为道术之一种，其重要之说为"精灵起灭"，即灵魂轮回也。此说有可注意者二：一点为，若要长生即须人的灵魂超脱轮回而成神，此与神仙家所言肉体飞升等甚不相同。又一点为，或与政治无大关系，盖初传之佛教在求个人解脱也。但佛教在汉代终究脱离不了道术，楚王英尚浮屠之仁祠；明帝诏书中并称"仁祠"言"与神为誓"，此在当时均有政治上的意义。且亦重"方"，如有汉明帝夜梦金人的故事；又如禅定（吐纳）为养生之术，以为此可升天。

3. 汉魏间反对方术之言论。汉代之学说皆为杂家，阴阳、儒、道、神仙、形名（或刑名）等糅成一团，而以阴阳五行之说为骨干。然在其中则有"净化运动"暗暗发展，严君平、扬雄、桓谭、张衡、王充、冯衍、王符等皆是。古文经学之反对今文经学亦"净化运动"之一部门。汉末反对方术之论，亦继承此"净化运动"而来。净化之结果，阴阳和儒、道各派乃分离。道家之独立，乃有玄学之发展。阴阳五行之说（本）与神仙家言（末）自成一集团，是为道教。道教初或为民间之宗教，正如玄学为上层之学问。佛教在汉称为佛道，为汉众道之一，与方仙道、黄老道、太平道、五斗米道等平列。牟子称道有九十六种，而以佛道为最盛。佛道亦如各派发展，净化之结果乃有汉末以后"佛玄"之产生，而残留之渣滓则与神仙学说混在一起。

汉末反对方术之兴起，故有种种之原因，兹不能详论。荀悦《申鉴》、王符《潜夫论》、仲长统《昌言》皆有反对方术之言论，当与不满汉末政治昏乱有关。曹魏之时，魏文帝之《典论·论文》、陈思王之《辨道论》亦皆反对方术，亦与当时政治有关。而此种反对方术之言论，产生了两个影响：①普通人的长生之术，在炼丹、吐纳、辟谷等方，及反对之论出，讲养生者乃不注重身体，而注重心神，如嵇康之《养生论》是；②重心乃在养神、重清净无为，故为玄学廓清道路。此二方向为佛教本有者，因之佛教日趋兴盛（参见牟子《理惑论》），故反对方术之结果，等于反对汉人之方术，而助长佛教之方术，且为"佛道"进而为"佛玄"准备条件。

4. 汉魏间佛教之二系。汉魏之际，其时当新旧交替，佛教分为二系：安世高之佛学为小乘，重禅法，其再传弟子为三国时之康僧会；支谶之佛学则为大乘般若，其弟子为支亮，再传弟子为支谦。前一系为汉朝佛道最重要者，而后一系则为佛玄之开始。

安世高一系，其对于宇宙人生之学说以元气为根本，元气即五行，即五阴（后译为"五蕴"），佛教言人本为五蕴聚也。而溯自汉以后，译"蕴"为"阴"，安世高译之《阴持人经》云"积为阴貌"，仍得"蕴"之原意。汉代以来，中国阴阳五行家盛行元气之说，故汉魏佛教徒以之与"五阴"相牵合。元气之微妙在为神识。元气和，即五阴配合得好，则人心平和而身无疾。若元气不和，则人心烦乱而身有病。如何使元气和？在引导元气往正而不往邪的方面走。元气本自然发展，然外力阻碍其自然发展，是即逆天。若作种种运动使元气得自然发展，是即顺自然，即正。此种运动如八段锦，为施于身体者，但佛教之禅法更重内心，心神平静，静故明。心之动为意，乃有种种烦恼。养心神在守意，守意之法在"安般"，即如"吐纳"也。道安《安般注序》曰"安般者，出入也"，"安般寄息以成守"。故安世高译《安般守意经》，而康僧会大力提倡之（见《出三藏记集》六）。能守意，心神乃明静，心明神静则无不照无不能而成佛也。

故康僧会《安般序》曰："得安般行者，厥心即明，举眼所观无幽不睹……无遏不见，无声不闻，恍惚仿佛，存亡自由，大弥八极，细贯毛厘，制天地住寿命，猛神德坏天兵，动三千移诸刹，八不思议，非梵所测，神德无限，六行之由也。"此种学说盖即是受道家养生成神之说之影响也，故安世高一系之佛道大体上与汉之方术同。

支谶系与安世高一系不同，后者是为个人的（personal），主养生，少思寡欲、清净无为而成神。前者则不然，讲神与道合。所谓"道"，即元气，即理，即天地之心。个人之神本即道，因种种后天之关系，神乃受到限制而不能与道合。"道"无名、虚，而无所不在，为万物之本体。神欲解脱种种之限制，即在认识其本体。如能认识其本体，即重新与道合一也。康僧会主养神，故重禅法；支谦主明本，故重智慧。支谦译之《大明度无极经》第一品原注有曰："师云：菩萨心履践大道，欲为体道，心为①道俱，无形故空虚也。"此中所谓"体道"者，心与道俱也，亦即"与道俱成"（见阮籍《大人先生传》之意）。又此中所谓"无形故空虚"者，因"道常无形"，而心神亦非可睹也。据此则支谦实深契老庄之说者也。支谶一系为泛神论（pantheism），而安世高一系则为神教。支谶译《般若经》之一种（《道行经》），盖其说甚重智慧（般若）；说神与道合，故重法身。支谶又译有《首楞严经》。支谶之学实为佛玄之始。

（二）佛玄之兴盛

支谶之说与老庄之学接近。及魏晋间，玄风大盛，佛学亦随之兴盛。而当时僧人之人格，最能合乎逍遥之理想，故为一般士大夫所仰慕。僧人居山林，不受礼法之束缚，不必讲君臣

---

① "为"疑当作"与"。——编者

之关系，故名僧与名士常甚相投，《般若》与《老》《庄》又可互相发挥。西晋士大夫与僧人之交游与汉代大不相同，盖因乱世如麻，出家者日多，且此等出家者之中又多有研究老庄者，两晋之佛学一变为上层阶级之佛玄也（当然其时民间仍有佛道流行）。西晋有僧支孝龙者，以风姿见重于时，与名士阮瞻、庾敳并结知音之友，世人呼为"八达"。东晋初有僧支遁雅尚老庄，风好玄同，说《逍遥游》新义，为世所重，与王、谢大家时相往还。而有孙绰以七道人与七贤士相比拟，作《道贤论》（见《弘明集》卷三）。名士释子共入一流，世风之变，可知矣。时《般若经》之译最多，有支谶之《道行》，支谦再译之《明度无极》，有竺叔兰之《放光》，竺法护之《光赞》等等，均行于世。而奉《般若经》又可分为二期：一为道安时代之般若学；二为鸠摩罗什时代之般若学。

（三）道安时代般若学之诸系

刘宋僧镜作《实相六家论》（每家分二系），昙济作《六家七宗论》，僧肇作《不真空论》内评三家，三说各异。西晋中叶（惠帝）至东晋初，般若学最盛。道安谓中国佛学之盛，在"汉之末世，晋之盛德"，桓灵以前，未尝有佛学也。又说："于十二部，毗目罗部最多，以斯邦人老庄教行，与方等经兼忘相似，故因风易行耳。"（《毗奈耶序》）十二部者，大乘十二部也，毗罗（Vaipuliya）之学为方等，而般若属于方等。道安所言，盖谓般若因老庄而易行，并未言般若影响玄学之兴起也。又言"大品出后，虽数十年，先出诸公略不综习，不解诸公何以尔。……但大品顷来东西诸讲习，无不以为业"。"东西诸讲习"谓东西两京之讲习，故《般若》大品之盛行，当在道安壮年以后也。《般若》之形上学，至少在表面上与老庄甚类似，其如

"性空"颇似老庄说"道",后译为"真如"(Tathatā= thatness or suchness)甚难译,最初译为"本无"。盖魏晋初期之玄学皆崇无,号万物为末有,道体为本无,此以玄学之说附会"般若"也。"本无"者,以无为本,本即是"无"也。又《般若》说二谛,当时人即了解为真诗者讲本体之无,俗谛讲万物之有,故当时般若学之中心问题亦为本末、有无之问题。般若学之诸系,其分别也在本末、有无之争。又,心灵与物质之分,中国思想史中讨论甚少,而佛教对于心理、物理之分析皆极细密。心与物,孰为本无,孰为末有?或说心无,或说物无,或说心物皆无。僧肇《不真空论》所谓三家,为心无、即色(物无)、本无(心物俱无)。僧镜《实相六家论》之各派,其最重要之问题为空(无、真谛)有(俗谛)之争。据元康《肇论疏》引宝唱《续法记》,谓"释僧镜作《实相六家论》,先设客问二谛一体,然后引六家义答之"。第一,以理实无有为空,凡夫谓有为有。空则真谛,有则俗诗。第二,以色性是空为空,色体是有为有。第一派似为本无,第二派似为即色。"色体"者,形体也,"色性是空"者,色无自性也。以下三、四、五家论心,第六家论色。第三,以离缘无心为空,合缘有心为有。第四,以心从缘生为空,离缘别有心体为有。第五,以邪见所计心为空,不空因缘所生之心为有。三宗皆论心之有无问题。佛教所谓"心",概指"六识",然此所说"心"不必同于佛教原意而是照中国人的方式所了解的。中国人说"心"约当于 mind 或 spirit,而颇类佛教说众缘所生之"我"。第六,以色色所依之物实空为空,世流布中假名(之物)为有。此与第二家相似实不同。昙济《六家七宗论》载本无、即色、识含、幻化、心无、缘会六家,唯本无有本无、本无异二宗,故曰七宗。心无即心空,论心也,即色、识含、幻化、缘会皆论色，本无二宗即论本无，要皆如僧肇所论者也。

（四）本无宗和道安学说

"本无"为"真如"之意译，故广义言之玄学皆可以说是讲"本无"的。其次，一切般若佛学皆可称为"本无"，如即色本无宗，幻化本无宗等。王洽《与支道林书》曰"今本无之谈，旨略例坦，然每经明之，可谓众矣。然造精之言，诚难为允，理诣其极，通之未易。岂可以通之不易，因广同异之说，遂令空有之谈，纷然大殊"云云。一切空有之谈皆可说是"本无"。但"本无"之第三意义，亦即最狭义，仍指道安与竺法深之学也。道安之学又名"性空"，竺法深之说又名"本无异"。

道安为中国佛教学史上之第一人，且在佛教之传布发展上甚关重要，甚有声望。自晋至唐，公认道安与罗什、僧肇、吉藏等同为般若之宗师。吉藏之著述中，屡言道安之学与罗什等同，其实不然。道安之著作多佚，照现存之片段看（现存有《人本欲生经注》及经序十九篇，其十八篇见《祐录》，《鼻奈耶序》一篇见《大正藏》二十四），安公痛苦悲悯之心情甚深。盖道安生于"五胡乱华"之世，有见于生死无常、世间之种种苦恼，乃皈依佛教。道安之人格甚坚贞，无丝毫浮薄名士之习气，故影响于佛教发展甚大，而其学则未必如一般人所想象也。道安生当于佛道与佛玄交替之际，早年在北方，北方盛行佛道；中年至南方，南方则有新兴之佛玄。佛道重禅定，佛玄重智慧。道安之学从禅数讲到般若，故其学可分为禅数与般若两部分。关于禅数之著作多成于早年，而关于般若者多成于中年以后。讲禅数者用格义，后悟其支离，乃极力攻击之。而实亦未脱离也，如《合放光光赞序》文之末，仍以可道、常道与二谛相比。

禅数之说（当时又称为"数学"）把宇宙人生分析为许多数，如五蕴、十八界等。其中一部分乃烦恼（或欲）之分析，分析烦恼在于用禅法择灭。"数学"自安世高一系传来，道安称安世高最懂禅数。道安早年之学，盖与安世高相类，但加上若干老庄之色彩。道安说禅法即是老子所谓"损之又损"终至于"无为"（即灭）而成神，以至于"举足而大千震，挥手而日月扪（是神通也）"，心如槁木死灰，外物不能伤，而"与太虚等量"。道安之说非普遍之神教，而为泛神论（pantheism），由禅法使一普通人的人格达到宇宙（cosmos）之本体。

　　道安至襄阳后，其学乃转变。在襄阳十五年，每年讲《放光》两次，晚年至长安亦然。但其讲般若，盖亦早年之学的自然发展也，且亦未脱早年之风格，故可谓自禅观以趣性空者也。道安说："萧然与太虚齐量，恬然与造化俱游。"（《人本欲生经注》）此语可有很多解释，但道安之说恐不异于汉人。汉人说人为元气造成，人成道复归于元气也。道安之般若学，亦可说以此等说法为根据。据记载：本无宗谓："如来兴世，以本无弘教。故《方等》深经，皆备明五阴本无。本无之论，由来尚矣。何者？夫冥造之前，廓然而已。至于元气陶化，则群像禀形。形虽资化，权化之本，则出于自然。自然自尔，岂有造之者哉！由此而言，无在元化之先，空为众形之始，故称本无。非谓虚豁之中，能生万有也。夫人之所滞，滞在末有，宅心本无，则斯累豁矣。夫崇本可以息末者,盖此之谓也。"（《名僧传钞·昙济传》引《六家七宗论》）故道安所谓"无"者，廓然无形无象之元气也，元气之原来状态也。"无"有两方面：一为静，即"无为"；一为齐，即"无名"。齐则齐一生死，泯尔都忘；静则寂然不动。此盖以道家之意义或色彩加于汉人之宇宙论也。

道安之学名"本无",又名"性空",吉藏《中观论疏》曰:"安公明本无者,一切诸法,本性空寂,故名本无。"道安之《合放光光赞序》深述此义。道安之状般若法性,或可谓常之极,静之极欤。至常至静,故无为,故无著。故解无为曰渊默,曰泊然不动。解法身为一,为静而不缁,谓泯尔都忘,二三尽息。解如曰尔,尔者无能令不尔,所谓绵绵常存,悠然无寄也。故自安公视之,常静之极,即谓之空。空则无名无著,两忘玄莫,隤然无主。由是而据真如,游法性,冥然无名。由是而痴除而尘垢尽。除痴全慧,则无往而非妙。千行万定,莫不以成。药病双忘,辙迹齐泯。故空无之旨在灭异想,举吾心扩充而清净之,故万行正矣。此即为道安说解脱之道也。凡此常静之谈,似有会于当时之玄学,融会佛书与《老》《庄》《周易》,实当时之风气,道安般若学说似仍未脱此习气也。

二、张湛和《列子注》

《列子》之作者,有谓为张湛自作者,此或不确。盖《列子》原来就有,后或多零散,而由张湛加工编定,故后人以为张湛所作。张湛的思想主要都包含在他的《列子注》一书中,此书所讨论的问题亦为生死问题,与道安要求解决的问题相同。生而必有死,为人生最大之烦恼,《列子注》欲解决此生死问题,故其《序》有曰:

> 其书大略明群有以至虚为宗,万品以终灭为验;神惠以凝寂常全,想念以著物自丧;生觉与化梦等情,巨细不限一域;……然其所明往往与佛经相参,大归同于老庄。属辞引类特与《庄子》相似。

魏晋人注书，其大意在《序》及"篇目注"（品目义）中表现得最清楚，《序》为全书之大意，如欲了解其思想，必先知其《序》；"品目义"为全章（篇）之大意，由"品目义"列举大纲，以清眉目。"群有以至虚为宗，万品以终灭为验"，乃其宇宙观，以不生不灭之"至虚"为本体，以"群有"为变化。"至虚"即"无"，即"以无为本"。而"神惠以凝寂常全，想念以著物自丧"则为人生观，解脱由觉，沉溺由迷。"生觉与化梦等情"者，即生死齐一也。齐一生死乃能逍遥任远，凝寂常全。而佛教要亦在解决生死问题，故张湛之学说与之相参也。又说《列子》"大归于老庄"，而实更"特与《庄子》相似"，而不甚与老子学说相似也。《列子》八篇其中不免有相矛盾之处，但张湛则以为八篇一贯：第一篇说存亡变化；第二篇说顺生死；第三篇说无变化；第四、第五篇说玄照（智慧解脱）；第六篇说知命，第七篇说达生；第八篇说通变。故八篇皆说生死问题也。佛教说生者必灭，且以为要解脱必借智慧，《列子注》皆与之同。

（一）"群有以至虚为宗"

《天瑞》一篇即说存亡变化，故要在解释"群有以至虚为宗"。所谓"宗"者，创始命宗，为宗极、宗主之义，即"体"也，如说"至无者，故能为万变之宗主也"。盖佛教本无名宗，初亦无宗派之义，本无宗者，以本无为体也。

1. 群有万变，至虚不变。《天瑞》篇目注曰：

夫巨细舛错，修短殊性，虽天地之大，群品之众，涉于有生之分，关于动用之域者，存亡变化，自然之符。（按：符，信也，验也；"自然之符"，即"天瑞"也。）夫唯寂然至虚,凝一而不变者,非阴阳之所终始,四时之所迁革。

盖群有之变,依于至虚之不变,有不变而后乃有变,变不能自变,必有变之者。"变不能自变"者,谓变不能生,变不能化,此点系采自向、郭《庄子注》;"必有变之者",郭象无此说,向秀注则或有(详后)。故张湛于《列子》"有生不生,有化不化"下注曰:"不生者,生物之宗;不化者,化物之主。"不变如海,变如波浪,有不变故有变也。

2. 群有有形,至虚无形。盖既为群有必定有形,有种种之外形(form),最重要的是有物质的形体(physical figure)也。有形即有分别,故注曰:"夫体适于一方者,造余涂则阂矣。"王弼曰:"形必有所分,声必有所属,若温也则不能凉,若宫也则不能商。"又曰:"质,性也。既为物矣,则方圆、刚柔、静躁、沉浮各有其性。"而至虚无形,则超乎一切分别,故曰:"夫生生物者不生,形形物者无形,故能生形万物,于我体无变。"群有各有偏,虚则不偏,能不偏则能反其真,为能归根,归根则无物。"凡滞于一方者,形分之所阂耳。道之所运,常冥通而无待。""何生之无形,何形之无气,何气之无灵?然则心智形骸,阴阳之一体,偏积之一气;及其离形归根,则反其真宅,而我无物焉。"按,"气"有二义,总者为至虚(元气),别者为有形,此别也。

3. 群有有化,至虚无化。此言生灭。"万品以终灭为验",此语为"群有以至虚为宗"之张本。按张湛意,至虚与万品仿佛有绝对(absolute)与相对(relative)之关系,然其实他并不曾把这关系弄清楚。郭象《庄子注》"故不暂停",意即谓无"故",盖一切永远涉新也。"方生方死,方死方生。"《列子注》

用此义谓宇宙潜化，万物不能逃变化，故曰"生不可绝"，"死不可御"，没有不变化之物，万品皆在生灭变化之中，唯至虚不在变化之中。至虚不变，故能变，至虚无生，故能生。所谓有生之物，即为有形之物，"夫尽于一形者，皆随代谢而迁革矣，故生必有终。而生生物者无变化也"。且张湛用庄周"藏舟于壑"义 说："夫万物与化为体，体随化而迁，化不暂停，物岂守故？故向之形生非今形生，俯仰之间，已涉万变。"此"向之形生非今形生"，言"万物"顿生顿灭，而"万物与化为体"，此言"化"即能变义也。群有既常生常灭，而群有之本是什么呢？

4. 本无。相对的万有（relatives）有生化，绝对的（absolute）"无"无生死，不变的能变者为一切变化之本，至虚不变无形，不变无形即无，至虚为本，故曰本无。张湛于《列子》"生物者不生，化物者不化"下注曰：

> 庄子亦有此言。向秀注曰：吾之生也，非吾之所生，则生自生耳。生生者岂有物哉？故不生也。吾之化也，非物之所化，则化自化耳。化化者岂有物哉？无物也，故不化焉。若使生物者亦生，化物者亦化，则与物俱化，亦奚异于物？明夫不生不化者，然后能为生化之本也。

张湛引向秀语，意欲说明"群有有生，而无不生"。至虚者即至无。按，张湛所谓"无"与王弼、阮籍均不同。王弼所谓"无"并不是指"无有"，阮籍亦不是指"不存在"（nonexistence），然张湛所谓"无"则近于 nonexistence。照他看"无"的意思中没有"有"（existence）的意思，反过来说 existence 就不是"无"。所以他说：

> 谓之生（有）者则不死，无者则不生，则有无不相生。理既然矣，则有何由而生？忽尔而自生。忽尔而自生，而不知其所以生。不知所以生，生则本同于无；本同于无，而非无也。此明有形之自形，无形以相形者也。

凡是"生"都是有限的（finite），而"无"不能用"有限的"来解释，所以"无"和"有"的关系不能用"生"的关系来说明。所谓"生"只是在现象界中，而"形、声、色、味，皆忽尔而生，不能自生者也。夫不能自生，则无为之本"。"忽尔而生"似向、郭独化之说也。但"无为之本"则与向、郭（特别是郭）截然不同。从这里可提出两个问题：一是"无者则不生"；二是"不能自生，则无为之本"。

"无者则不生"。盖"无"和"有"是对立的，"无为之本，则无留于一象，无系于一味"，此谓"无"若为圆、为黑，则方、白之物将何所有？而现象界有方、圆、黑、白……故"无"不能限于一象，所以"无"是不生不死的。如"无"能生能灭，则无以为"无"矣。所以他引用了向秀说的话："若使生物者亦生，化物者亦化，则与物俱化，亦奚异于物。明夫不生不化者，然后能为生化之本。""生"则有限，"无"则无限。有限的存在（finite existence）是有变化的，"尽于一形者，皆随代谢而迁革矣，故生者必有终"。有限的存在如图：

```
    ┌─────────┐
  始（生）    终（灭）
```

而"无"则无此性质。盖"有始即有终"是佛教"无常"之意。而佛教之涅槃，即不生；道教之成仙，即不死，张湛之学说与佛教之学说甚相近也。

又群有为相对（relative），有形有象，故曰"适一"。"无"，无形无象，故曰无方，或曰"无所寄"。"适一"者适于一方，方即有所限制也。万物各有所宜，各有其性，各有其理，"生各有性，性各有所宜"，"生必由理，形必由生"。方安于方，而不为圆，是有所宜也。性或理者，物之所生也。物者万物中之一物，其所由之理乃万理中之一理也。群有相对，一物之生与别物异，一物之形与他物不同，而"本无"或宇宙之全体其本身即是万理、即是万物，故张湛数次引向、郭语："天地者，万物之总名也。"就变化言，特殊的事物有始终、存亡、聚散等等，以群有有彼此，故而变之；全体则无方，无终始、存亡、聚散等等可言，故无变。有方之甲、乙，出入太虚，复归于太虚，此出彼入，此存彼亡，而太虚本身则无所谓出入、存亡、生死也。变化继续不断，其实无"所谓甲""所谓乙"，故曰："方死方生，方生方灭。"而"无"则无聚散、生死等等，盖"无"者"群有之总名"也。张湛之说，初视颇类似王弼或郭象，但其实本不同。王、郭说"无"，都不曾把它看成一实体，皆说体用不二，而张湛之说总仿佛在"有"之外别有一"无"。

"不能自生，则无为之本。""群有"有始终、存亡、聚散等等，故有形有象；而"无"，则无始终、存亡、聚散，故无形无象，而"群有"则以"无为之本"。故张湛说：

> 聚则成形，散则为终，此世之所谓终始也。然则聚者以形实为始，以离散为终；散者以虚漠为始，以形实为终。

所谓"虚漠"者即是说"元气"，"元气"即有似今日之"能"（energy），是"守恒"（constant）的。元气所造之物有始有终，而本身是无生死、无尽、无限的，所以元气不是"物"。凡物皆有始有终，因其为元气之变化故也，故曰："生于此者或死于彼，死于彼者或生于此，而形生之主未尝暂无。是以圣人知生不常存，死不永灭，一气之变，所适万形。万形万化，而不化者存。"元气为"形生之主"，无始终生灭；群有有形，有始终生灭，如水之与波，波浪如物，而水为主，波浪虽有变化，而水是无变化的。从元气说，是无聚散的，所以"生物者不生，化物者不化"。从有限之物上讲，没有不死的，即佛教谓之"无常"，顿生顿灭，所以说，"成者方自谓成，而已亏矣；生者方自谓生，潜已死矣"。简而言之，无即是元气，因为"无"不是"有"之一，所以"无"无聚散，与有聚散之"有"相反，然是"有"之本。具体地说，即《列子》卷一中所说的"太易"而"太初"而"太始"而"太素"，此明物之自微至著变化相因袭也。而元气浑然，是为太易。"太易者未见气也"，张湛注说："易者不穷滞之称，凝寂于太虚之域，将何所见耶？如《易系》之太极，老氏之浑成也。"其后始有气，是为太初。其后始有形，是为太始。其后始有质，是为太素。"太易为三者宗本"，"虽浑然一气不相离散，而三才之道实潜兆乎其中"，"太易之义，如此而已，故能为万物宗主"。张湛之说实为宇宙论（cosmology），不过也是汉人元气说加上魏晋玄学老庄之意义也。

总之，张湛之宇宙观，以"无"为本体，而"群有"为现象。"无"非"有"之一，故不生；"无"非"有"之一，故无形；"无"非"有"之一，故无聚散、终始，而"群有"反是。

（二）解脱由觉，沉溺因迷

张湛之所以有上述之宇宙论，乃以为这种说法能解决生死问题也。据上述宇宙论而知生死存亡皆为相对，则可免除这种烦恼，故沉溺因迷，而解脱由觉也。

《天瑞》"长庐子闻而笑之"句下注曰：

> 夫混然未判，则天地一气，万物一形，分而为天地，散而为万物。此盖离合之殊异，形气之虚实。

这一段是《列子注》的宇宙论。根据这第一点宇宙论乃有第二点，即下面一段注的对人生之看法：

> 此知有始之必终，有形之必败，而不识休戚与阴阳升降，器质与天地显没也。

天地犹言阴阳。物有生死，元气有显没而无生死。物和元气是本末的关系，所以不应说元气生万物，而只能说元气是不生不灭的。张湛有时如此说，或是其疏忽处也。既明生死存亡不过是这样虚幻之事，乃有下面一段第三点，即所说的人生学说：

> 彼一谓不坏者也，此一谓坏者也。若其不坏，则与人皆全；若其坏也，则与人偕亡，何为欣戚于其间哉！

"不坏"是从本体上讲，"坏"是从现象上讲。天地不坏者也，但因其亦是气之委结，故亦可谓坏。天地犹如此，何况于人。这是从一个观点说，但从另一观点说，则又可谓：

> 生之不知死，犹死之不知生。故当其成也，莫知其毁；

及其毁也，亦何知其成，此去来之见验，成败之明征，而我皆即之，情无彼此，何处容其心乎！

世界上的聚散离合都是暂时的变化，从根本上说是无什么分别的。"即之"即与万物如一，知道生死的来源去向，那么对于生死就没有什么欢戚了。凡是有欢戚者，皆因不明此理。盖"俱涉变化之涂，则予生而彼死，推之至极之域，则理既无生，亦又无死也"。常人执著分别，以生为实，而不知死。常人执此而非彼，执彼而非此，彼此着去来、成毁之根据。而达观之士，从全体看皆"即之"，乃"情无彼此"。常人不达观，私其身，认此现象为我而作种种分别，"认而有之，心之惑也"，是谓"贪天之功"，"饬爱色貌，矜伐智能，已为惑矣。至于甚者，横认外物以为己有，乃标名氏以自异，倚亲族以自固；整章服以耀物，藉名位以动众；封殖财货，树立权党，终身欣玩，莫由自悟"。迷惘乃由"自私"（私其身），认万物之死灭，乃以为是他自己的死灭，所以有悲戚、烦恼，这就是佛家所说的"惑"字。而达观之士所以能解脱，乃因其觉，能知事物变化之理，而本体未尝变化也。所以张湛说："夫天地，万物之都称；万物，天地之别名。虽复各私其身，理不相离；认而有之，心之惑也。"

具体的事物有形有质，故有存亡聚散，盖从其形质方面看，以为自己有生有得，则私其身，此正如海波以为自己是波浪而不是海水。张湛说"公"，不是从"与天地合其德"方面讲，而认为"公者对私之名，无私则公名灭矣。今以犯天者为公，犯人者为私，于理未至。……生即天地之一理，身即天地之一物，今所爱吝，复是爱吝天地之间生身耳。事无公私，理无爱吝者也"。"公"与"私"相对，相对的事物中才有公私，故无私亦无公。张湛心目中似乎在相对之外有一绝对，此似佛教"俗谛"与"真谛"之分。张湛或知真谛超四句义。（按：如后来《中论》一曰："诸法不自生，亦不从他生，不共不无因，是故知无生。"吉藏《三论玄义》："若论涅槃，体绝百非，理超四句。"）张湛说"公"与"私"和王弼、嵇康皆不同。王弼所谓"私"为"私其身"；所谓"公"即"无所不周"，即得到全体也。嵇康说"私"为"丧其自然之质"；而"公"则"志无所尚，心无所欲，达乎大道之情，动以自然"，"抱一而无措，则无私"。张湛说"私"近王弼，而说"公"则与之不同，此似受当时流行之佛教的影响也。

"私其身"即为"著物"，故序中说："想念以著物自丧。"《周穆王》篇目注曰："愚惑者以显昧为成验，迟速而致疑，故窃然而自私，以形骸为真宅。孰识生化之本归于无物哉！""无著"则"不私"。如果认识到"凡在有方之域，皆巨细相形，多少相悬，推之至无之极，岂穷于一天，极于一地"，而不执著什么就可得到解脱。

《列子注》第一篇、第三篇讲形上学，其余六篇皆讲解脱。张湛以为"顺心""无心"即可解脱（超生死）。盖所谓"性命"，即一人在宇宙中生死之暂时变化。顺性乃知其性之本原，即知其为一气之变也。"禀生之质谓之性"；"命者必然之期，素定之分也"；"生者一气之暂聚"。又顺性，顺物之性也，顺即不逆、不违、不造。"顺性"即"任心"。性本得元气之全，心本与天地合德。"顺性""任心"即体道穷宗，超乎一切是非、利害、分别。如此，则能顺一切物之性，任一切物之心，无为而无不为。盖从相对的观点看，乃有是非分别；从绝对的观点看，则超乎一切分别。故解脱须借智，此智是无智之智，即"无心"。

无心者，以万物之心为心，亦即"皆即之"也。"乘理而无心者，则常与万物并游。"无心则同于物，与无为一，是反本之谓也。"泛然无心者，无东西之非已"，"冥绝而灰寂者，固泊然而不动矣"。无心而应，与物同化，是为圣人。在政治上说，圣人能任贤使能，圣人并不必能众人之所能，而在于他能使众人，故曰："不能知众人之所知，不能为众人之所能，群才并为之用者，不居知能之地，而无恶无好，无彼无此，则以无为心者也。故明者为视，聪者为听，智者为谋，勇者为战，而我无事焉。"又曰："夫理至者无言，及其有言，则彼我之辨生矣。圣人对接俯仰，自同于物，故观其形者似求是而尚胜也。"张湛又相信圣人有神通，水火风雨皆不能伤，如佛家言有天眼通天耳通，故说："至于圣人，心与元气玄合，体与阴阳冥谐，方圆不当于一象，温凉不值于一器，神定气和，所乘皆顺，则五物不能逆，寒暑不能伤，谓含德之厚，和之至也。故常无死地，岂用心去就而复全哉！蹈水火，乘云雾，履高危，入甲兵，未足怪也。"而限于一方者，各有所宜，则有缺点，不能为"至和"。圣人超乎一切分别，故能顺一切分别，在水为水，在火为火。盖圣人能倚伏变通，心乘于理，检情摄念，泊然凝定，岂万物动之所能乱？！

觉则解脱，迷则委结。而解之者、体之者由于神智。神智不假于耳目，而寂然玄照；忘智则神理独运，感无不通。所以《列子序》中所说的，"顺性则所之皆适，水火可蹈；忘怀则无幽不照"，正是张湛所谓解脱而达到的最高境界也。

第八章

崇有之学与向、郭学说

本章内容共分八节，先述"有无之代兴"，以明汉魏晋南北朝时期学术思想之演变；次及当时"崇有之学"，以明当时学术思想演变之因；而主要部分将分析向郭之贵玄崇有，以明向郭在玄学中之地位。

一、有无之代兴

玄学者有无之学，亦即本末之学，亦即后人谓为体用之学也。魏晋玄学有时"贵无"，有时"崇有"，一般以魏晋玄学家皆崇尚虚无，实属误会。王弼何晏、嵇康阮籍、张湛道安皆贵无，"无"即本体；向秀郭象均崇有，"有"即本体。虽向郭与王何，一为崇有，一为贵无，其实甚接近，都以"体用如一"论之。有无之辨在对世务人事方面说，有另一意义。贵无者讲"自然"，贱滞于"有"者，以人事世务为累。崇有者则讲"名教"，非"自然"，以人事不可忽略，而其中有一部分人根据"自然"而崇"名教"，是真正的崇有。崇有而不忘"无"（自然），故这部分人所说仍为玄学。魏晋南北朝之时，"贵无""崇有"交替代兴，兹简述之于下。

（1）汉之学说最重要的为儒家之经学，但不纯粹为儒家，而仍有阴阳家道家学说之渗入。讨论的问题在精神上与魏晋不同，崇名教，谈元气。

（2）名学（名理之学），是准玄学，以道为根本而谈名教，如刘邵《人物志》与傅嘏、钟会、李丰、王广之才性问题的讨论等。

（3）正始玄学，王弼何晏贵无。《晋书·王衍传》谓："魏正始中，何晏王弼祖述老庄，立论以为天地万物皆以无为本。无也者，开物成务，无往而不存者也。阴阳恃以化生，万物恃以成形。贤者恃以成德，不肖恃以免身。故无之为用，无爵而贵矣。"然王弼注《易》，何晏撰《论语集解》，虽可谓为新经学家，而其精神与汉时大异。

竹林玄学，嵇康阮籍亦为贵无，"越名教而任自然"，"非汤武而薄周孔"，时之玄学家（名士）多与王何不同，多与儒家脱离关系也。

（4）元康玄学，时王戎当政，放达之风已盛，如胡毋辅之之流竟至裸裎。由嵇阮至此时，玄学已由重老子精神（王何）进而为重庄子之精神。嵇康阮籍虽首唱"越名教而任自然"，由于出身于大家贵族，他们所受的教育仍为礼教之熏陶，根本仍从礼教中来。他们的学说乃是精神上的、心理上的放达，而不只限于外表也。

元嘉之时，东海王越当政。先是向秀已唱"崇有"，谢康乐谓"向子期以儒道为一"，而郭象于元康元嘉之际继向秀之后讲"崇有之学"。向郭所讲虽仍为庄子之学，不过他们两人与当时的潮流确有不同之处。在此狂放愈甚的潮流中，向郭的思想可说是此潮流中之反动。

（5）佛学之变迁。《世说新语·文学》注引《续晋阳秋》说：

"正始中王弼何晏好老庄玄理之谈,而世遂贵焉,至过江佛理大盛。"而所谈佛理亦未离有无之辨。(甲)东晋之初,般若学盛,王洽《与支道林书》谓"今本无之谈,旨略例坦",此所言"本无之谈",即谓般若性空也,故"本无"一义既几为般若各家所通用。(乙)其后有部出,僧伽提婆特善毗昙,译出《阿毗昙心论》,而竟风靡一时,王珣为提婆立精舍,王弥(珣弟珉,字僧弥)自讲《阿毗昙心论》。(丙)鸠摩罗什至,再译《般若》大小品及其释论《大智度论》,又译《中论》《百论》《十二门论》等,而谓"物无定相,则其性虚","一切诸法毕竟空寂",盖亦贵无。(丁)至晋之末叶、刘宋之初,《涅槃经》出,而为"有"。(戊)萧齐之世而《成实》大盛,为"有"。(己)梁陈则三论复兴,而为"无"。

刘勰《文心雕龙·论说》中说:

> 魏之初霸,术兼名法,傅嘏王粲,校练名理。迄至正始,务欲守文,何晏之徒,始盛玄论,于是聃周当路,与尼父争涂矣。……然滞有者全系于形用,贵无者专多于寂寥。徒锐偏解,莫诣正理。动极神源,其般若之绝境乎。逮江左群谈,惟玄是务,虽有日新,而多抽前绪矣。

东晋以为有新见解者多为佛学。谓涅槃学崇有者,中国人说涅槃也,认法身非不可说,不从无名无相方面说,而是积极地描述本体。宋齐之世,崇有之风较盛,在文学方面,"宋初文咏,体有因革,庄老告退,山水方滋";在经学上,有干宝谈《易》,已非如辅嗣,而思想较为平实。梁陈之际,则又贵无,《颜氏家训》《金楼子》等痛疾玄虚,多以梁陈之士为代表。总南北朝之时,北方承汉学余绪,道教、佛教、经学较玄学为盛。

二、崇有之论

王何之学为老子之学,老学主抱一;嵇阮讲《庄子》,庄学主逍遥。所谓"逍遥",并非表面上不守礼法,不留心世务,而有玄心者始能任达,得意者乃能忽忘形骸。西晋之初有傅咸劾王戎曰:

> 戎不仰依尧舜之典谟,而驱动浮华,亏败风俗。

元康以后,放达以破坏礼教为高,非真正的放达。阮浑虽要学阮籍,而阮籍说他不配,盖只有外表的放达是不行的,东晋戴逵《竹林名士论》谓:"籍之抑浑,盖以浑未识己之所以为达也。"放达及乎末流,只讲表面上的浪漫,而并无任达之心胸。乐广为大名士,亦痛恶此风,谓"名教之中自有乐地","乐令之言之有旨哉!谓彼非玄心,而徒为放恣也"(同上)。戴逵又作《放达非道论》说:

> 古之人未始……害名教之体。……若元康之人可谓好遁迹而不求其本,竹林之为放,有疾而为颦者也;元康之为放,无德而折巾者也。

为纠正此种风气,乐广裴颜乃有愤激之言,是亦向郭注《庄》之宗旨也。而同时如陶侃、卞壶等则以不能忽忘形骸,反对虚无。陶、卞皆事功中人也。东晋江淳"每以为君子立行应依礼而动,忆显殊途,未有不伤礼教者也。若乃放达不羁,以肆纵为贵者,非但动违礼法，亦为道之所弃也，乃著《通道崇检论》(《晋书》本传)。王坦之则著《废庄论》，非时俗放荡不敦儒教。然江淳兼深孔老，王坦之说与向郭同，谓："孔父非不体远，以体远故用近；颜子岂不具德，以德备故膺教。"二人皆当世之名士。向郭在此种风气之中，虽所讲仍为庄子之学，与嵇阮所讲的是一样的，不过他们与此潮流有不同处。在此狂放愈甚的潮流之中，和儒家学说仍未脱离很远。他们仍以尧舜周孔为圣人，并无诽毁之意。他们注重"有"的方面，其意义有二：一从形上讲，以"有"为真实（reality）；一从人事上讲，调和"自然"与"名教"，以不必脱离人事而亦可以逍遥，故向郭可说是调和派。

裴頠善名理，主张不忘世务，是名教中人。在人事上主张"崇有"，并为"崇有"找根据，故著《崇有论》。然裴頠之学说，虽"崇有"亦并不放弃无为之论，又著《贵无论》（已佚）。君德中庸无名，无为而治；圣人宅心玄远，本合于道。故其《上疏言庶政宣委宰辅》中谓："尧舜劳于求贤，逸于使能。分业既辨，居任得人，无为而治，岂不宜哉。"盖无论讲"有"、讲"无"，都是从人事政治出发，贵无者向往出世，所以崇无；贵有者重生，故不能脱离现世界以逍遥，所以必资于有。裴頠以为人生必资于有，没有"有"就没有生，所以他说："生以有为己分，则虚无是有之所谓遗者也。"虚无既为"有"之所遗，则虚无不为"有"所资，故世界上的一切无不资于"有"，除非它脱离现世界。既然脱离了现世界，就可以打破一切礼教，放僻邪侈，任所欲为，然而这种世界并不是真正的世界。而要想在真正的世界中生存，则必资于"有"。此为"崇有论"最重要之动机也。崇有之起乃贵无之反动，然亦并未全弃贵无之论。盖世事虽资于"有"，而心应虚无。老子之所以谈"无"，乃"收流遁于既过，反澄正于胸怀"。老子并不是说世界都是虚伪,乃教人采行玄虚,而旨在全有。人心既是如此,政治亦应如此。故裴頠之学说是得意而不必忽忘形骸。这种学说与嵇阮自不相同,但与王弼仍有相近处,而郭象则为此种学说(得意而不忽忘形骸)找一形上学的根据。

总之,魏晋之世,其时之主张有(1)得意忘忘形骸;(2)忽忘形骸为入达;(3)不能忽忘形骸;(4)得意不必忽忘形骸,是为乐广等"崇有论"之说;(5)不忽忘形骸的形上学根据,则为向郭的学说也。西晋南朝反对虚无之说有上(3)、(4)、(5)三种,而后两种仍是玄学家,其立场并非与王何嵇阮完全相反。

三、向郭《庄子注》

向秀和郭象各有一《庄子注》,而郭象注对向秀注则是"述而广之",是根据向注而修改成。向郭之注虽大体一样,而郭注当比向注更完善。现向注已佚,故讲郭注即也包括讲向注。郭象注《庄子》是讲政治学说,至于其讲形上学(Metaphysics)乃欲完成其政治学说也。他们对庄子学说并不甚满意,乃因政治学说如此之故。庄子能知而不能行,故《庄子》书只可以为百家之冠,尚不能达到"经"的地步,唯孔子则能行,所以说郭象讲形上学为政治之根本。

向郭之《庄子注》可注意者有三:(1)对放浪作反对之评论。以为孔子为圣人,孔子所提倡的"名教"(礼教)是有根据的,而放浪并非正道,即如裴頠之"深患时俗放荡,不尊儒术",应在现世界中"绥理群生,训物垂范",不应如阮籍超世而放浪。(2)为"崇有"觅一形上学的根据。此即为"名教"找出一形上的根据。他们用"寄言出意"的方法,说庄子之学说即是"名教"的根据。认为其实庄子的形上学并不是"虚无"而是"崇有",实在说起来儒道本为一。(3)为"无为政治,宅心玄虚"找一新解释。向郭以为庄周之学能"经国体致",所讲"无为"并不是不尊崇名教、不守礼法,其实其学乃讲名教之根本,乃讲名教之体也。自然为体,名教为用。老庄所说的为体,儒家所行的为用。老庄所发挥为体之理,而孔子能体而行之,所以老庄不如孔子,即在不能体而行之也。此实阳为儒教,而阴为老庄,即说老庄为体,而儒教为用也。向郭虽明说尧舜周孔高于巢许老庄,其实是把孔子学说放在第二位,包括于老庄学说之内,故自向郭注《庄子》后,"儒墨之迹见鄙,道家之言遂盛焉"。所谓"儒墨之迹"为"仁义","道家之言"为"自然"也。盖此原因有二:一则向郭之体系比任何讲《庄子》者都完备;二则他们把"名教"包括在"自然"之内,这比攻击孔教更为厉害。

四、向郭学之大意

"独化于玄冥之境",此语颇难解,懂得此语即懂得向郭之学说。说此语时,向郭概指圣人。"独化"是"有"的一方面,"玄冥"是"无"的一方面。此语在调和"有""无",调和"名教"与"自然","无为"非不管人事,倒是非常重人事。崇"自然"而遗"名教"为向郭所痛恶,此盖针对当时之时代病而发也。当时一般人讲"有""无",多从人事方面说,而向郭则从形而上方面说,从形而上方面调和"有""无"。圣人无心,独化于玄冥之境,其骨子里是非常浪漫的。魏晋玄学之中心观念为"圣人",向郭之《庄子注》亦然。谢灵运《辨宗论》谓"向子期以儒道为一",即谓其调和"自然"与"名教"也。郭象《序》述全书之大意,要义亦在此点。郭象《序》先述庄子其人,庄子知"圣人",

而自己不是"圣人"。次述《庄子》其书，其书即在说"圣人"也，"夫庄子者可谓知本矣，故未始藏其狂言，言虽无会而独应者也"。知圣人而不是圣人，故哓哓不已。"会"者体会，与本无"应"者相应，二而相应也。"应而非会，则虽当无用；言非物事，则虽高不行"。圣人体"自然"而用"名教"，体用不二也。圣人之"自然"非无用，圣人之言行皆是物事，虽皆具体的有形的（concrete）而无非"自然"，如《论语》所载。若庄子者，则高而不行，以应而非会也，"与夫寂然不动，不得已而后起者，固有间矣"。圣人寂然不动，时机一临，即刻顺应，照理之必然，从心所欲不逾矩，故曰"不得已"也。若孔子者，"斯可谓无心者也，夫心无为则虽感而应，应随其时，言唯谨尔"。"心无"即"无心"，圣人应随其时，当机立断。"言唯谨尔"一语出于《论语·乡党》（此意思与王弼答裴徽语同）。盖体用不二，无空的体，弘方外者必游方内。圣人之迹，空有其用，其实非用。庄生谈体，高谈性理，而在人格上并无伟大之表现，是空有其体，其实非得其体也。游谈于方外者，非与化为体也。"然庄生虽未体之，言则至矣。通天地之统，序万物之性，达死生之变，而明内圣外王之道，上知造物无物，下知有物之自造也"。"通天地之统，序万物之性，达死生之变"在"明内圣外王之道"也。由天地、万物、死生而说到圣人之道，其形上学的根据则在"造物无主""物各自造"。"至人极乎无亲，孝慈终于兼忘，礼乐复乎已能，忠信发乎天光，用其光则其朴自成，是以神器独化于玄冥之境，而源深流长也"。此段说其表现方面，而以"神器独化于玄冥之境"一语总结上文，《序》文以下则说这种学说的用处。

五、化

《庄子注》说"化"大概指"变化",此所谓"化"非宋人所说仿佛有物的化(如大化转流),此言"化"者如《齐物论注》中所言:

> 日夜相代,代故以新也。夫天地万物变化日新,与时俱往,何物萌之哉,自然而然耳。

又如《大宗师注》所说:

> 夫无力之力,莫大于变化者也。故乃揭天地以趋新,负山岳以舍故。故不暂停,忽已涉新,则天地万物无时不移也。世皆新矣,而目以为故。舟日易矣,而视之若旧。山日更矣,而视之若前。今交一臂而失之,皆在冥中去矣。

"变化"人们不能知觉;"夜半有力者",不可见之力也;"无力之力"即"无力",此与下文"不神之神""不生之生"同意。"交臂失之"谓"快也";"冥中"即"玄冥之中"。先述向郭"化"之意,以便明其"独化"学说也。

六、独化

"独化"为郭象《庄子注》中之主要概念,为明了"独化"在其学说中之地位,依次说"有""独化""无先""性分""不为而相因"等问题。

(一)有

有、无之义各家解说不同。不过大致说来,各家说"有"

大抵指"万有"或"群有",即指现象世界。但中国哲学中,对现象世界之分析不感兴趣。《齐物论注》说:"接乎有生之类,会而共成一天耳",此即说"有",即说与人交接者,一切经验现象皆包括在内。"有"即此世界,即此存在的世界(existing world)。分而言之谓"群有",总名之曰"天地"(或曰"天")。当时流行之哲学谓此存在的世界之后有"无","有"依赖于"无","无"谓"元气","有"生于"无"。元气无始无终,而此存在的世界则有始有终。向郭反对此说,认为"有"外更无"无",只有"有",无是不存在(not being)。"夫有不得变而为无,故一受成形则化尽无期也。"(《田子方注》)受者,无所受之受,即自受也。"有"自受自化,无有尽期。盖"有不得变而为无",反对"本无之说"也。于此无"变"与"不变"的问题,并非说全体不变而部分变,故下面的注文又说:"化恒新也。"《知北游注》说:

非唯无不得化而为有,有亦不得化而为无矣。是以夫有之为物,虽千变万化,而不得一为无也。不得一为无,故自古无未有之时而常存也。

此亦不是说"变"与"不变"的问题。"无"指不实在(nonreal),而"有"为实在(real),"有"为常有(eternal)。当时流行的"本无"学说或有三种情况:甲、以"无"为"元气",无始无终,"有"则有始有终,郭象说"无"不得变为"有","有"亦不得变为"无",即是反对此种说法。乙、或以各特殊之"有"因"无"而有,无独立而有待无,郭象亦反对此说,如说:"殊气自有,故能常有,若本无之,而由天赐,则有时而废。"(《则阳注》)"殊气"即"殊物",《知北游注》谓"阴阳者即所谓物耳"。"殊气自有",其后并无支持者,若谓其待于"无";待于"无"则"有时而废"。丙、本无家若王弼,以"无"为全,"有"不能离"无",全为体,而殊物为用。郭象说体用如一,在反对二截上与王弼同。但王弼"以无为本",郭象以"有"为本。从"存在"(beingness)上说,王弼只承认"无",郭象只承认"有"。王弼说"有生于无",意谓"有"之所以为"有"生于"无"。"有"生,即出于"无";"有"灭,即入于"无","有"有出入,"无"为"天门",故王弼曰:

> 门,玄牝之所由也。本其所由,与极同体。(《老子注》第六章)天门谓天下之所从由也,开阖治乱之际也。(《老子注》第十章)众妙皆从同而出,故曰众妙之门也。(《老子注》第一章)

而《庄子·庚桑楚》亦有说"天门者,无有也,万物出乎无有。有不能以有为有,必出于无有",而郭象注则谓:

> 此所以明有不能为有,而自有耳,非谓无能为有也。若无能为有,何谓无乎?

说"无"即"不存在"(non-being),谓"无"为"存在"(being)是矛盾的,故:"死生出入,皆欻然自尔,未有为之者也。然有聚散隐显,故有出入之名,徒有名耳,竟无出入,门其安在哉?"其所以然者,盖"天门者,万物之都名也"。

郭象只承认现象世界之实在,现象之外再没有东西,一切事物的产生都是无用的,是偶然的,是突然而生的,每个事物都是独立的，所以郭象的学说为多元论。王弼的学说为抽象一元论（abstract monism），而向郭之"崇有"为现象多元论（phenomenal pluralism）。

（二）独化

一切皆自生。贵无者说"有"生于"无"，崇有者说"有"自生。"有"之自生，"有"之自尔，即独化。郭象说：

> 然则凡得之者，外不资于道，内不由于己，掘然自得而独化也。

独化者，不但是说"有"不待"无"，"有"亦不待"有"，"无"不能生"有"，"有"亦不能生"有"，更推而至极端，"有"亦不能"自生"，不能"自生"者，言无一个"自"生也，只是如此如此，自然而然。

一切皆无待。"有"与"无""有"与"有"其间"无际"，或曰"不际"，"不际"即不资于道，道即理。故曰：

> 不际者，虽有物物之名，直明物之自物耳。物物者竟无物也，际其安在乎？
> 既明物物者无物，又明物之不能自物，则为之者谁乎哉？皆忽然而自尔耳。（《知北游注》）

其《齐物论注》中也说：

> 世或谓罔两待景，景待形，形待造物者，请问夫造物者有邪无邪？ 无也，则胡能造物哉？有也，则不足以物众

形,故明乎众形之自物,而后始可与言造物耳。是以涉有物之域,虽复罔两未有不独化于玄冥之境也。

王弼说"自然",即"无妄然",即不得不然,即皆由"理"也,"物无妄然,必由其理"。"道"无待,而"有"皆有待于"道"。郭象则说一切皆"无待",一切皆自然而然。王弼所用以说"道"的话,郭象则皆用以说"有",如"无待""无名""无心"等。王弼与郭象之不同,在于其人手之点不同,王从"无"入手,郭从"有"入手。"无待""自尔"等,即无需支持,此皆言"独化"之意也,故《寓言注》谓:"推而极之,则今之所谓有待者,卒至于无待,而独化之理彰矣。"

（三）无先

郭象说"无先",非仅谓时间上先后之先,盖谓不但无元气（substratum）,而且无本体（substance）,无绝对（absolute）。此点向秀之说不及郭象彻底。向秀说"有先",《列子注》所引可证。而郭象说"无先"者,无"无",无"道",无"天"也。《知北游注》说:

谁得先物者乎哉？吾以阴阳为先物。而阴阳者,即所谓物耳。谁又先阴阳者乎？吾以自然为先之,而自然即物之自尔耳。吾以至道为先之矣,而至道乃至无也。既以无矣,又奚为先？然则先物者谁乎哉？而犹有物无已,明物之自然,非有使然也。

老子说"一生二,二生三,三生万物";《易传》谓"太极生两仪,两仪生四象,四象生八卦"。在时间上,"太极"在"两仪"之前,

"一"在"二"之前,群有从"一"出,故有先。郭象说阴阳即物,故无有阴阳而无物之时。旧说以为现象世界后有一支持者,郭象否认有此支持者,只说现象之流,故曰"有物无已"。已,出也。据此郭象给"无""道""天"以新解。

甲、无。"无"即无物(nothing),"既已无矣,又奚能生",故郭象说:

> 夫庄老之所以屡称无者何哉?明生物者无物,而物自生也。(《在宥注》)

盖谓人们不应把老庄之言看得太死,应求其言之所寄而得其意。郭象给老庄所说之"无"以新意义,亦用"得意忘言"。《大宗师注》中说:

> 无也,岂能生神哉?不神鬼帝,而鬼帝自神,斯乃不神之神也;不生天地,而天地自生,斯乃不生之生也。故夫神之果不足以神,而不神则神矣。功何足有,事何足恃哉?

"无"不能生,"无"不能神,"不生之生""不神之神",即"自然",即"道"。"无力之力"即"自化";"不生之生"即"自生",并非"有"以外另有一个"自然",另有一"道",如元气说等。"道"之意义既不同于前人所说,"德"之意义乃亦不同,故曰:

> 夫无不能生物,而云物得以生,乃所以明物生之自得。任其自得,斯可谓德也。(《天地注》)

前人谓物得之于"道"而生，而"道"即"无"，得"无"以生即"自得"，"德、形、性、命，因变立名，其于自尔一也"（《天地注》）。

乙、道（理）。"无"即"道"之别名也。说"无"是无物（nothing），"无"自不能生，但说"无"是"道"，"道"亦不能生乎？郭象说"道"即"不存在"（nonbeing），无实际性也。前人说"道"，一义为元气（未分），含三（天、地、人）为一之"道"是。又一义，如王弼说，"道"为"全"，"道"独立不倚，周行不殆。王弼说"道"为"存在"（being），而万物则为"依存"（dependentbeing）。郭象反对元气说，此与王弼同；而在本体论（ontology）上，他又反对贵无而崇有，"有"为"存在"（being），"道"等于"无"，等于"不存在"（nonbeing），"道"非"有"之存在的根据。

"道"即"理"，理者文理也。郭象认为文理即此"有"和彼"有"之间的"分"，"以其知分，故可与言理也"（《缮性注》）。物各有分，分非外铄，乃物本有。所有之"分"，包括物之一切"分"在内，即"至分"或"极"，因其"所禀之分，各有极也"。任其至分，即得其极，即以极为体，曰"体极"。王弼说"体极"，是说"反本"，即"以无为用"，要完全实现全体。向郭说各有其极，"物各有性，性各有极"。"体极"之意固与王弼不同，"体极"即"任其至分，而无毫铢之加"。能行百里者，即行百里，多行或少行一里则非"至好"，"养过其极，以养伤生"。向郭说甲、乙等各完成自己即是"至好"，王弼则以甲、乙等皆须反本。王弼说"执一家之量者不能全家，执一国之量者不能全国"，郭象则说国家皆有其至分，任其至分，无毫铢之加，即可。

《养生主注》谓，物各有理，庖丁解牛，"既适牛理"，"直寄道理于技",故"暗与理会",而神乎技矣。牛是"有"(being),此"有"有其分,牛理因牛而有,犹之木纹因木而有。说"道"是无,是说"道"非实际东西,并非说没有"道"。《大宗师注》中说:

> 言道之无所不在也。故在高为无高,在深为无深,在久为无久,在老为无老,无所不在,而所在皆无也。

人们可说骨(一物)长或骨大,但人们不能说文理长、文理大,故"道"(或理)"在高为无高,在深为无深","无所不在,而所在皆无也"。此正言"道"非有(being)、非物(nothing)。《庄子·大宗师》原意以为"道无能也",意谓无所不能也。盖前人说"道"能生,王弼说"道"能始能成,而郭象于此处注说:"道无能也,此言得之于道,乃所以明其自得也。"

丙、天(天地)。前人或以为一切受之于天或受之于天地。天地有二义:一为阴阳(两仪),其表现为上清下浊,一为有意志的宇宙,而天为其主宰。郭象说"天"非实在,非如生万物之气①,亦非造物主,如说:"天也者,万物之总名也。"(《齐物论注》)"天地者,万物之总名也。"(《天地注》)前人说的"天"或与"无"相当,而郭象说无先、无"无",故有如此之说也。既言无"无",自无出入隐显之事,万物自出自入,"天门者,众妙之都名也"。一切自然,一切天然,"自己而然,谓之天然",此即"天"也。

---

① 向来以"天"为"大块",故郭象《齐物论注》谓:"大块者,无物也。夫噫气者,岂有物哉?气块然而自噫耳。物之生也,莫不块然而自生,则块然之体大矣。故遂以大块为名。"《释文》谓"大块""或以为无,或以为元气"云云。

前人以为"天"为主宰，可以统治一切，然"天"本无，何以统制万物？此向郭不同于前人之处。而王弼以为"无"为全体（whole），以全为先，以"天"为"总名"（sum）者，以部分为先。王弼以为人之性为全体（whole）中所占之一地位，而在向郭学说中以"总名"（sum）中的一部分为人之性。

（四）性分

王弼重"一"，郭象重"多"，故郭象说"群有"各自独立。王弼之学说为绝对论（absolutism），而郭象之学说为现象实在论。郭象说物各自尔，物各突然而生，掘然而生，亦即是说偶然而生。王弼说物得之于"无"或"道"，物之所得（或性分）离不开"全"，"德"为"道"所命（order），失道而后德，失其母则发裂。郭象说万有各得其得，各物之性非"为某物所命"（ordered by something），而是为自己所"命"（order），故在此种意义上说，"性分"是绝对的。物各有其性分，彼此绝对不同，"夫质小者所资不待大，则质大者所用不得小，故理有至分，物有定极"。一物有其年龄、大小、形状等等，性分即此等，可分而言之，亦可总而言之。马日行千里，但它绝不能多走一里或少走一里。若其日行九百里，则可说失其性分，虽可说九百里亦在其性分之内。性分为一物之限，为人子止于孝，为人父止于慈，此亦即其极（limit）也。欲全一物，即须全其性。王弼说"全性"须"反本"。郭象则说只须实现其自己，用其自用，不可为（人为），不可造作，不可强制，"恣其性内而无纤芥于分外"，即是"无为"。"无为"者，非谓"放而不乘"，"行不如卧"，而是令马行其所能行。"任性"即"无为"也。就"物各有性，性各有极"说，物各绝对独立。而物各绝对独立，各为中心，此即是无中心，无绝对。我自为独立，但我不能忘记甲乙等（皆自为独立），故不可使人从己，亦不可舍己从人。帝王治天下，在顺民之性也。

（五）不为而相因

因物各自生而不他生，故各有性分，而性分绝对，故万物各不相为使，各不相待，为之则伤生，"均可不为而自化也"。盖物物自分，事事自别，而欲由己以分别之者，不见彼之自别也。无待者，非言大小无别。上下不分，乃谓大小上下皆平等，不能比较。然而事实上，形影不离、唇齿相依，郭象乃说"不为而相因"也。《秋水注》说：

> 夫天下莫不相与为彼我，而彼我皆欲自为，斯东西之相反也。然彼我相与为唇齿，唇齿者未尝相为，而唇亡则齿寒。故彼之自为，济我之功弘矣。斯相反而不可以相无者也。

甲、乙等不能互相影响，若甲受乙影响，则甲非独立之绝对矣。但正因为乙、丙等独立绝对，甲乃为独立绝对；正因为乙、丙等各有性分，甲乃有其性分。若万物相待或相为使，则万物反而不能相因，"相因之功，莫若独化之至也"。故《齐物论注》中说：

> 夫以形相对，则大山大于秋毫也。若各据其性分，物冥其极，则形大未为有余，形小不为不足。……苟足于天然，而安其性命，故虽天地未足为寿，而与我并生，万物未足为异，而与我同得。

《逍遥游注》说："天地者万物之总名。天地以万物为体，而万物必以自然为正。自然者，不为而自然也。""天"之存在（existence）是没有的，不过是万物之总名。从体上说，天地以万物为体，即无体之意思。但从另一方面讲，"天"虽"无物"，而从"天道""天理""天然"方面讲，乃有深意在内。群有都是自然而生，即万物以"自然"为正，"天"（"天道"等）指"自然"突然、独化之理，即"不为而自然"，即"莫适为天""玄冥之天"也。从实际（practice）方面说，"天"是"无物"，从理论（theory）方面说，"天"又很重要。盖物各自通，则同于大通；物各自得，同于一得。"理虽万殊而性同得，故曰道通为一也。"是非死生，万物万化，荡然为一，是至理也。群有虽各自独立，然彼我相因，形影俱生，盖彼此无待而玄合也。天地万物不可一日相无，故曰："万物莫不皆得，则天地通。""道"无所不在，故无方、无迹，而所在皆无也。

七、独化于玄冥之境

魏晋玄学有两派，一派主"无"，以无为本，以王弼为代表；另一派在形上学上主"有"，群有乃自生，此乃以"有"为独立之存在，而另外无本，以郭象为代表。经验上的现象没有另外使之者，就是说无本。总之，崇无者认为万物之本为"无"，崇有者认为万物乃自生，而另外无本。然郭象虽不崇"无"，亦常讲"无"与"玄冥"。他所谓之"无"，并不是本体，乃是万物之原则（principle），万物以此原则而生，万物的原则就是"自生""自然""自尔"，一切有（群有）都是独化。既没有"无"作其本体，也不能有另外的原因使其"自生"，他自己也不能使其"自"生，而是突然而生，所以"独化"是最高原则。可见"独化"或有三义:甲、"自然"——即"自生",无物使其生,独自而然,独自而化;乙、多元(而变化)。王弼之学说为一元,"天"为全一;而郭象以为"天"为多元,"天"乃万物之总名也;丙、不为而相因。

郭象说"独化","有"不待"无","天"不过是万物之总名,则"天"为"未有限"(不限,indefinite),这种说法甚浪漫(romantic)。又因万物各自尔,各有性分,各有方,故宇宙(天)无方。万物各有性分,性不可逃。一物无性分前,完全不受决定,一有性分,即绝对受决定。一物为什么有性分,为什么留一方或滞一方,则为偶然的。王弼说一切皆决定,皆有其理,皆受因果律支配。郭象说一切皆"自然","自然"有偶然义,与王弼异,就这方面说,其说甚崇自由。(范缜《神灭论》主"自然"而破因果,即向郭之说也。向郭之说南朝受其影响极大,李轨、李充皆其例。)因物各有性分,性分绝对;就其"物各有性"、性分绝对方面说,一切平等,故一切相齐或相夷。上述三义即说"未限定""无分""平等"的世界即玄冥之境。玄,同也;冥,没也。独化,即谓"自然"也。"自然"之一意义为偶然,春风吹起花片,花片各落于何处全为偶然,全是自由的。但花片一落地,即受决定。人各有其性分,性分不可逃,是决定的一面。但若能反于"天"(天然),即顺物或任物,如此则"均于自得",即逍遥也。从玄冥之境一方面说,"无莫为天","无适"即"自由",即偶然。万物独化,皆不知其所以然而然,独化于玄冥之境者为能大顺。向郭之说反对嵇康阮籍等绝对放任而忽略名教之说,而同时真得放任之精神。

向郭以其说为"内圣外王之道"。王在方内,圣居方外,方外即无方也,未有游于内而不冥于外者也。稷契巢许或为王佐，或为外臣，但皆俗中之一物。真正的逍遥非自了而已，非自得而已。唯圣人为尧，为能均于自得，为能两顺之。前者为有待之逍遥，自足自通；后者为无待之逍遥，至足大通，无己无功。轻妙如列子，尚有待也。无待之人则"遗彼忘我，冥于群异，异方同得，而我无功名"。故《逍遥游注》说：

> 虽列子之轻妙，犹不能以无风而行，故必得其有待，然后逍遥耳。……夫唯与物冥而循大变者，为能无待而常通，岂自通而已哉！

若逍遥而出于有方，则非无待也。圣人应为帝王，无方无迹。能齐物逍遥者，为能养生，德充于内，应物于外，为能逍遥人间，为万世之人师，而应为帝王。郭象说放任，不但行为放任，且心胸放达也。放任直须从根柢放任起，从性命、从本上放任起。郭象综合当时各种学说，成一大系统，在中国哲学史上放一异彩也。

八、支道林"即色义"

向郭说逍遥在全性安分，即完全自得，安己之分，须不舍己从人，而同时又不强人从己，然此论亦有许多困难。在政治上，郭象说内圣者必须外王，然外王者治人，而郭说圣人治天下在顺而不助，此是消极也。但政治似乎总有积极意义，圣人不但自通，且能使万物均于自得。若谓大通同得为逍遥，则仅仅自得似非逍遥。支道林乃修正向郭之说，惟"至足"为逍遥，而"自足"则非，故曰："夫圣人也，觉通群妙，凝神玄冥，灵虚响应，感通无方。"圣人智慧具足，故能觉通群妙；其体虚寂，故能感应无方。万物皆备于我，我与天地合德，故为至足，故"寂然不动，感而遂通"。若限于一方，只是自足，只能称为"自了汉"。支道林之说，为向郭逍遥说之修正，只说无待之逍遥。

支道林之说，就神方面说，说逍遥义；而就色方面说，说即色义。其《即色论》中说：

> 吾以为，即色是空，非色灭空，此斯言至矣。何者，夫色之性，色不自色，虽色而空。

常说群有之后有一"无"，支道林说即色，无"无"，只有"色"。"色"无自性，即色而空，非色灭才叫"空"。色无自性，无一个"自色"者。支道林之说，佛教中原有，但亦与向郭义通。郭象《知北游注》谓"物物者无物，物自物耳"，又谓"既明物物者无物，又明物之不能自物"，一切皆自尔，其外无造物者，其后又无一本体。支道林之说盖为向郭之说加上佛教意义也。

第九章

王弼与郭象

（一）人生的烦恼盖起于有欲。"迷于美进,惑于荣利"（《老子·道德经二十章注》）,"则巧伪生,巧伪生则邪事起"（同上书,五十七章注）。

"盖物情无极,知足者鲜,故得止不止,复逐于彼,皆疲役终身,未厌其志,死而后已。"（郭象《庄子·齐物论注》）"有私则不能赅而存矣"（郭象《庄子·齐物论注》）,而私则自生偏见,"群品云云,逆顺相交,各信其偏见",于是"恣其所行,莫能其反"（同上）。

（二）如何除偏见？在于明理,以情从理。此可分二方面：

（1）"物无妄然,必由其理。"（王弼《周易略例·明象》）"物皆不敢妄,然后乃可全其性。"（王弼《周易·无妄卦注》）个别的事物皆有其一定地位,无敢妄然,明乎此,则人能顺性安命。——王弼。

（2）"物物有理,事事有宜"（《庄子·齐物论注》）,"物各有性,性各有极","苟知其极,则毫分不可相跂,天下又何所悲乎哉？……小大虽殊,各有定分,非羡欲所及,则羡欲之累,可以绝矣"（《庄子·逍遥游注》）。明乎此,物任其性,事称其能,各当其分，则性命安矣。——郭象。

（三）王弼说"必由其理"，从逻辑上说，理先于物。郭象说"物物有理"，则是物先于理也。

（四）（1）"必由其理"，若太重"其"字，则犹是有私，终必主"殊其己有其心，则一体不能自全，肌骨不能相容"（王弼《老子·三十八章注》）。个别事物皆有所得，皆有其一定地位，若拘拘于其所得，而不知我不能离开全体，则至多不过一自了汉，而争尚之端、利欲之累仍不曾去也。

（2）"凡物之所以生，功之所以成，皆有所由，有所由焉，则莫不由乎道也。故推而极之，亦至道也"（王弼《老子·五十一章注》）。道即一也，理一而矣，"将欲全有，必反于无也"（《老子·四十一章注》）。王弼用言意之辨以达到本体论，殊途同归，百虑一致，品制万变，宗主存焉。

（五）恣其性内，当其性分，仍是有待也，仍是系于有方也，仍是有乎大小，有彼此之分别，得性如是，失性为非，既有是非，则终至是非横生。"我以为是，彼以为非，彼之所是，我又非之"（郭象《庄子·齐物论注》），则乃是非未定也。

其实，理无是非，"物皆自是，故无非是，物皆相彼，故无非彼，无非彼，则天下无是矣；无非是，则天下无彼矣"（同上），是齐物之理也。此又可分二方面：从横的方面说，即无小无大，小者自小，而大者自大，泰山与秋毫均也。从纵的方面说，无死无生，生者自生，而死者自死，生死聚散均也。齐物者，物皆平等也。物皆平等，则以物皆站在自己脚上。郭象以齐物论达到本体学说。物皆站在自己脚上，而无待于外，是即独化之说，"物各自生，而无所出"（郭象《庄子·齐物论注》）。

（六）"独立而不改，周行而不殆"（《老子》二十五章），为形容本体最好的两句话。王弼从言意之辨达到本体，本体超乎言象，独立不倚。"指事造形非其常也"（王弼《老子·一章注》），道"寂然无体，不可言象"（王弼《论语释疑》），本体非物、非数，不可名状。本体超乎变化、超乎时间、永恒故曰常。本体超乎动静，谓本体曰静，非对动言者也，本体是一。

（七）郭象说"有"亦然，"物各自生而无所出"，群有站在自己脚上，不可比较，超乎分别，故曰无小无大也。"有"不在时间中，盖时间者由比较生，有无死无生，而是永恒。在郭象，化即有也，变即变也。谓宇宙万物前后相继者，以有先后比较故也。郭象说无生，有不能生有，有不能先有。郭象说我与今俱往，又常言今不一停。今不一停，故我无 duration。无生，故无天，无无，无道。天地者万物之总名。道即理也，无实际性，非物由理，物有理也，牛有牛理，木有木纹，纹理非可以离木与牛而存在也。无者无也，既已无矣，又奚能生物？物各自得、自形、自命、自生，各有其分。物各自生，其实亦无自生生也。物不能自物，化不能自化，更推下去，"有者非有之而有之也，忘而有之也"（郭象《庄子·刻意注》）。

（八）王弼说道周行而不殆，无不通也，无不由也，返化终始，不失其常，而制万变，宗主存焉。道无所不在，在方而法方，在圆而法圆，于自然无所违。

（九）郭象说天为万物之总名，但另一方面又说天者自然也。万物卓尔独化，自然而然，则万物一然也。郭象说道无实际性，但另一方面，物各自通，则同于大通。物各自得，同于一得。"形虽万殊而性同得，故曰道通为一也。"（郭象《庄子·齐物论注》）是非死生，万物万化，荡而为一，是至理也。群有虽各独立，然彼我相因，形影俱生，盖彼此无待而玄合也。天地万物不可一日相无,故曰:"万物莫不皆得,则天地通"(郭象《庄子·天地注》),道无所不在,故无方,无迹。

(十)王弼以为圣人要摆脱一切限制(finite),在《老子注》第四章中谓"穷力举重,不能为用",若能到无限(infinite)的地位,超越一切的有穷,才真能算"复命",所以他的人生学说主张"反本""抱一"。

(十一)郭象的政治学说在"顺变""应变""物各有性,性各有极",故得任之,则事物都得反于"玄冥之境",故圣人要"无心而任化"也。

第十章

魏晋玄学与文学理论

　　今之论者以为各民族文化各有其文化之类型，一代哲学思想各有其思想之方式。盖谓各种文化必有其特别具有之精神，特别采取之途径，虽经屡次之革新与突变，然罕能超出其定型。此实源于民族天性之不同，抑由于环境之影响，抑或其故在兼此二者，或别有故，兹姑不论。而观察往昔之哲学思想而归纳之称为属于某时代者，固因其有特殊之方法、态度，因而较之前代有新异之理论，故在此一文化史中占显明之分野，而此一时代之哲理家（思想家）亦罕能超出其时代之定式，其故何在兹亦不论。但此一时代各种文化活动靡不受此新方法、新理论之陶铸而各发挥此一时代之新型，而新时代之形成即在其哲学、道德、政治、文学艺术各方面均有同方向之新表现，并因此种各方面之新表现而划为另一时代。研求此一新时代欲明了其特点，自必详悉其文化各方面之新动向，而尤须考察此各方面之相互关系也。

　　所谓魏晋思想乃玄学思想，即老庄思想之新发展。玄学因于三国、两晋时创新光大，而常谓为魏晋思想，然其精神实下及南北朝（特别南朝）。其所具之特有思想与前之两汉、后之隋唐，均有若干差异。而此一时代之新表现亦不仅限于哲学理论，而其他文化活动均遵循此新理论之演进而各有新贡献。本文所论在指明玄学与其时文学实同为此新时代之出品，而文学，受玄学之影响其根本处何在。

古今持论言玄学影响于文学者多矣，然文学姑分为技巧与思想两方面，而通常所言玄学与文学之关系自在思想方面。此所谓思想，谓文学之内容，如檀道鸾《晋阳秋》曰："正始中，王弼何晏好老庄玄胜之谈，而世遂贵焉，至过江佛理尤盛"；沈约《宋书·谢灵运传》论曰："在晋中兴，玄风独扇，为学穷于柱下，博物只于七篇。"萧子显《南齐书·文学传》论曰："江左风味盛道家之言。"又如刘勰《文心雕龙·时序篇》曰："自中朝贵玄，江左称盛，因谈余气，流成文体。是以世极迍邅，而辞意夷泰，诗必柱下之旨归，赋乃漆园之义疏。"此疑多就文学之内容受玄学影响而言。然思想方面不限于命意遣辞之依傍老庄，而另有文学理论（或曰文学批评）固亦根源于玄谈。

文学理论者，即关于文之何以为文，或其诗学者为何谓文学，何为文之特性，此盖为中国"论文"之作，西洋所谓"文学批评"之根本理论。而魏晋南北朝论文之作，如魏文帝曹丕之《典论·论文》，陆机之《文赋》及刘勰之《文心雕龙》等对文学之基本看法均与玄学有多少深切之关系。故魏晋玄学之影响于文学者自可在于其文之内容充满老庄之辞意，而实则行文即不用老庄，然其所据之原理固亦可出于玄谈。《文心雕龙·明诗篇》曰"老庄告退，山水方滋"，而此其实但就诗之内容言。夫富于老庄辞趣之诗自由于"溺于玄风"，而谢灵运之颐情山水，亦何尝非清谈之表现？盖文学与思想之关系不仅在于文之内容，而亦在文学所据之理论。刘彦和谓江左诗什"嗤笑徇务之志，崇盛亡机之谈"(《明诗》)，然其时文学之玄学化实不仅在其所笑所崇，而亦在其时对于文学之所以为文之见解并与新兴之风尚有关系也。兹篇所论不在摘出当时文中所引用之玄理，而在研讨其时文学原理与玄学有若何之关系。盖因此种关系如能明了，则文、玄两者何以同具此一特殊时代之新精神，或可得进一步之了解也。

汉末以后，中国政治混乱，国家衰颓，但思想则甚得自由解放。此思想之自由解放本基于人们逃避苦难之要求，故混乱衰颓实与自由解放具因果之关系。黄老在西汉初为君人南面之术，至此转而为个人除罪求福之方。老庄之得势，则是由经世致用至此转为个人之逍遥抱一。又其时佛之渐盛，亦见经世之转为出世。而养生在于养神者见于嵇康之论，则超形质而重精神。神仙导养之法见于葛洪之书，则弃尘世而取内心。汉代之齐家治国，期致太平，而复为魏晋之逍遥游放，期风流得意也。故其时之思想中心不在社会而在个人，不在环境而在内心，不在形质而在精神。于是魏晋人生观之新型，其期望在超世之理想，其向往为精神之境界，其追求者为玄远之绝对，而遗资生之相对。从哲理上说，所在意欲探求玄远之世界，脱离尘世之苦海，探得生存之奥秘。但既曰精神，则恍兮惚兮；既曰超世，则非耳目之所能达；既曰玄远，则非形象之域。盖今人之称之为绝对者，即当时之所谓"极"，所谓"宗"，谓曰"宗极""宗主"，此"极"或指为"道"、为"玄"、为"无"、为"自然"、为"大化"（道家名词）、为"实相"、为"法身"（佛家名词）。而既为绝对则绝言超象，非相对知识所能通达。人之向往玄远其始意在得道、证实相，揭开人生宇宙之秘密，其得果则须与道合一，以大化为体，与天地合其德也。夫如是则不须言，亦直无言，故孔子曰：

"余欲无言","天何言哉",而性道之本固其弟子之所不得闻也。

夫文者,言也;既实相绝言,则文可废。然凡人既未能证体,自未能废言。然则文之功用何在?而宇宙之本体为一切事物之宗极,文自亦为道之表现。然则文之性质为何?此项文学基本理论之讨论盛于魏晋。盖由文人学士因哲学上之问题,益觉研求文章原理之必要。世谓魏世文艺制作日臻发达,优劣不一,故二曹有批评之制作,此言或合乎事实。然魏晋南朝文论之所以繁荣,则亦因其在对于当时哲学问题有所解答也。

语言为工具,只为宇宙本体之标识,而其本身自非宇宙之本体,如庾阐《蓍龟赋》所言"蓍者寻数之主,非神明之所存;龟者启兆之质,非灵之所生",又谓"神通之主,自有妙会,不由形器;寻理之器或因他方,不系蓍龟"。然语言终出于宇宙本体,故如为充足的媒介(或语言),它既是寻常的物或言,但又不是寻常的物或言。寻常的语言,指示而无余,意在言内;此种充足的语言,指示而有余,意在言外。《庄子·外物篇》曰:

> 筌者所以在鱼,得鱼而忘筌。蹄者所以在兔,得兔而忘蹄。言者所以在意,得意而忘言。

按《周易·系辞》曰:"子曰:书不尽言,言不尽意。然则圣人之意,其不可见乎?"王弼以老庄解《易》,于是乃援引庄子筌蹄之言,作《周易略例·明象章》,而为一新解,其文曰:

> 夫象也,出意者也;言者,明象者也。尽意莫若象,尽象莫若言。言生于象,故可寻言以观象;象生于意,故可寻象以观意。意以象尽,象以言著,故言者所以明象,

得象而忘言；象者所以存意，得意而忘象。犹蹄者所以在兔，得兔而忘蹄；筌者所以在鱼，得鱼而忘筌也。然则言者象之蹄也，象者意之筌也。是故，存言者非得象者也，存象者非得意者也。象生于意而存象焉，则所存者乃非其象；言生于象而存言者，则所存者乃非其言也。然则忘象者乃得意者也，忘言者乃得象者也。

"言意之辨"此学说如 Occam's razor[①]，用此利刀尽削除汉人之芜杂。汉末名家发现"言意之辨"，由其知人论世，谓观人不能单观其言论骨相，而必须观其全、观其神；知人常不能言传，而只能意会。能言传者如形貌，普通人只注意人的特殊之形貌，能知人之人君则注意人之神识，而神识只可意会。晋欧阳建《言尽意论》亦以此学说为名家所用，曰："言不尽意，由来尚矣。至于通才达识，咸以为然。若夫蒋公之论眸子，钟傅之言才性，莫不引此为谈证。"盖蒋济有眸子之论，谓观其眸子可以知人，以眼能传神也。钟傅者，钟会、傅嘏也。"论眸子"与"言才性"，皆名实之辨也。故有曰"天不言而四时行，圣人不言而鉴识存焉"，可见名家讲"言不尽意"乃就鉴识方面说。

王弼略后于蒋济，与钟会同时齐名。王弼受当时名家论"言意之辨"的影响，亦甚注意此问题。汉人讲象数，象数名言也，非说它能尽意不可，故对《易经》中"言不尽意"未给答复。王弼取庄子意，谓"言所以尽意，得意忘言"。"言"为

---

① 威廉·奥卡姆（William of Occam）英国哲学家，约 1285—1349 年。奥卡姆的剃刀(Occam's razor)是说"不要不必要地增加实体或基质"。这里是借用，意思是说，"言意之辨"作为一种玄学方法如用利刃尽削除汉人学问之芜杂。

"意"之代表,最要者为"得意",故讲《易》不应拘于象数,而应得圣人之意。至是象数之学乃被丢开,可说此为玄学之开始。盖真正的学问不在讲宇宙之构成与现象,而在讲宇宙之本体,讲形上学。此"得意忘言"便成为魏晋时代之新方法,时人用之解经典,用之证玄理,用之调和孔老,用之为生活准则,故亦用之于文学艺术也。

王弼"得意忘言"之说起于"言不尽意"义已流行之后,然二者实互有异同。盖"言不尽意"所贵者在意会;"忘言忘象"所贵在得意,此则两说均轻言重意也。惟如"言不尽意",则言几等于无用;而王弼则犹认言象乃用以尽意,并谓"尽象莫若言""尽意莫若象",此则两说实有不同。然如"言不尽意",则自可废言,故圣人无言,而以意会;王弼谓言象为工具,只用以得意,而非"意"本身,故不能以工具为目的,若滞于言象则反失本意。此则两说均终主得意废言也。王弼唱"得意忘言",虽在解《易》,然实则无论天道人事之任何方面,悉以之为权衡,故能建树系统之玄学。于宇宙之本体(道),吾人能否用语言表达出来,又如何表达出来?此问题初视似不可能,但实非不可能。盖因"道"虽绝言超象,而言象究竟出于"道"。滴水非海,一瓢非三千弱水,然滴水究自海,一瓢究为弱水。若得其道,就滴水而知大海,就一瓢而知弱水。故于宇宙本体,要在是否善于用语言表达,即用作一种表达之媒介。而表达宇宙本体之语言(媒介)有充足的、适当的及不充足的、不适当的,如能找到充足的、适当的语言(媒介),得宇宙本体亦非不可能。

如果从另一方面看问题,本来吾人所追求、所向往之超世之理想,精神之境界,玄远之世界,虽说是超越尘世,但究竟本在此世,此世即彼世,如舍此求彼,则如骑驴求驴。盖圣人"常游外以弘内，无心而顺有，故虽终日挥形而神气无变，俯仰万机而淡然自若也"。魏晋时，中国人之思想方式亦异于印度人之思想方式，玄学家追求超世之理想，而仍合现实的与理想的为一。其出世的方法，本为人格上的、内心上的一种变换，是"结庐在人境，而无车马喧"，"神虽世表，终日域中"，"身在庙堂之上，心无异于山林之中"，盖"名教中自有乐地"也，而非"不识庐山真面目，只缘身在此山中"。如具此种心胸本领，即能发为德行，发为文章，乐成天籁，画成神品。不过文章、书画、音乐有能代表理想者，有不能代表者；有能揭开天地之奥妙者，有不能者；有能表现自然者，有不能者。

本来媒介、语言均形器之物，是有限的，如执著此有限之物而以为即宇宙本体，则失宇宙本体，亦失语言之功用。然从另一方面说，虽媒介、语言为有限的，但执著它是有限，则亦将为形器所限。如能当其是无限（宇宙本体）之所现，而忘其有限，则可不为形器所限，而通于超形器之域。如欲通于超形器之域，则须寻觅充足之媒介或语言，而善运用之。

刘彦和谓"心生而言立，言立而文明，自然之道也"。盖魏晋南北朝之人所谓"文"者，常即谓为此种表现天地自然之充足的媒介或语言。故而《情采篇》曰：

> 圣贤书辞，总称文章，非采而何？夫水性虚而沦漪结，木体实而花萼振，文附质也。虎豹无文，则鞟同犬羊；犀兕有皮，而色资丹漆，质待文也。若乃综述性灵，敷写器象，镂心鸟迹之中，织辞鱼网之上，其为彪炳，缛采名矣。故立文之道，其理有三：一曰形文，五色是也；二曰声文，五音是也；三曰情文，五性是也。五色杂而成黼黻，五音

比而成韶夏，五情发而为辞章，神理之数也。

此所谓"文"者当不仅限于辞章，且包括音乐、绘画等，兹先述音乐、绘画，而后论文学之理论。

一、音乐

嵇康谓音乐为"自然之和"（"音声有自然之和，无系于人情"），陆机谓为"常音"（"弦有常音，故曲终则改"），陆云谓为"天籁"（cosmic music，"挥天籁而兴音"）。故阮籍《乐论》曰："夫乐者，天地之体，万物之性也。合其体，得其性，则和；离其体，失其性，则乖。"如有充足之媒介，发成音乐，则可合"天地之体""万物之性"，以传"天籁"。"若夫空桑之琴，云和之瑟，孤竹之管，泗滨之磬，其物皆调和淳均者，声相宜也，故必有常处。"而"圣人之作乐也，将以顺天地之体，成万物之性也"。故"圣人立调适之音，建平和之声，制便事之节，定顺从之容，使天下之为乐者，莫不仪焉"。而嵇叔夜虽言"声无哀乐"，盖其理论亦系于"得意忘言"之义。夫声无哀乐（无名），故由之而"欢戚自见"，亦犹之乎道体超象（无名），而万象由之并存。故八音无情，纯出于律吕之节奏，而自然运行，亦全如音乐之和谐。

音乐既为人类所采用"自然"、实在之一种媒介，"自然"可借助而表现自己；美好的音乐是宇宙本体、自然之道的体现，因通过此种媒介，宇宙本体得以表现之。音乐（正因其为音乐的）必再现宇宙之和谐，盖音乐曲调之取得来自宇宙本体之度量也。故如不执著其有限，忘言忘象，而通于言外，达于象表，则可"得意"也。

二、绘画

音乐所以传天籁，岂限于哀乐；绘画亦所以传天工，岂限于形体。汉代人观人之方法，根本为相法，由外貌差别推知其体内五行之不同。汉末魏初犹颇存此风，如刘邵《人物志》，谓人禀阴阳以立性，体五行而著形，故识鉴人伦，相其外而知其中，察其章而推其微。其后人伦识鉴乃渐重神气，形体可知，神气难言，而入于虚无难言之域。因之人物画法亦受此项风尚之影响。《抱朴子》尝叹观人最难，谓精神之不易知也。顾恺之曰"凡画人最难"（张彦远《历代名画记》卷一），当亦系同一理由。《世说·巧艺篇》曰：

> 顾长康画人或数年不点目精，人问其故，顾曰四体妍媸，本无关于妙处，传神写照正在阿堵中。"

"数年不点目精"（《人物志》谓"征神于目"），具见传神之难也。故人物画原理不在画四体妍媸，而在传神写照。顾氏之画理，盖亦根植于"得意忘言"之学说也。

绘画重"传神写照"，则已接于精神境界、生命本体、自然之美、造化之工也。但自来人物品藻多用山水字眼，据《世说·赏鉴篇》载：李元礼（膺）如劲松风下，邴原如云中白鹤；王夷甫（衍）岩岩清峙壁立千仞（顾恺之《夷甫画赞》曰"夷甫天形环特，识者以为岩岩秀峙壁立千仞"）和峤森森如千丈松；周𫖮嶷如断山。故传人物之神向以山水语言代表，以此探生命之本源，写自然之造化。而后渐觉悟到既然写造化自然用人物画，而人物品藻则常拟之山水，然则何不画山水更能写造化自然？因此山水画法出焉。谢幼舆（鲲）自比庾亮（元规）谓"丘壑过之"，故顾长康画谢在岩石里，因谢"胸中有丘壑"也。晋人从人物画到山水画可谓为宇宙意识寻觅充足的媒介或语言之途径。盖时人觉悟到发揭生命之源泉、宇宙之奥秘，山水画比人物画为更好之媒介，所以即在此时"老庄告退，而山水方滋"。晋人到此发现了这种更好的媒介，故不但用之于画，而且用之于诗，而山水诗兴焉。

三、文学

魏晋时许多思想家所持之根本理论有二：一方面认为有不可言之本体（宇宙本体，自然之道）；另一方面有不可违抗之命运。如何解决此两问题，为当时人所普遍注意。而此两问题，当亦于论文中反映之。

此宇宙之本体分化而为万形，故王弼谓："万物万形，其归一也。何由致一？由于无也。……故万物之生，吾知其主，虽有万形，冲气一也。"本体为无限的，为一，为中正，为中庸，为和，为冲淡，为元气；万形则为有限的，为多，而各有所偏。虽万形所赋（五行）不同，但究有五德皆备之人，此即圣人。王弼谓圣人无名、中和、与道同体、与天合德，"达自然之至，畅万物之情"。其论"圣德"谓圣人有"则天之德"，"若夫温而能厉，威而不猛，恭而能安，斯不可名之理全矣。故至和之调，五味不形；大成之乐，五声不分，中和备质，五材无名也"。盖亦谓圣德无德，中和备质也。魏晋时人常以圣人法天、法自然，中正和平而不偏，余则各有所偏。此种理论在当时用之于论文，可注意者有两点。

其一，魏文《典论·论文》谓就文体说"本同而末异"，所谓"本"者即"文之所为文","末"者为四科,"奏议宜雅,书论宜理,铭诔尚实,诗赋欲丽,此四科不同,故能之者偏也"。此就文章体裁说,而就为文之才能说则有"通才",有"偏至","通才能备其体",而"偏至"则孔(融)、王(粲)、徐(幹)、陈(琳)、阮(瑀)、应(玚)、刘(桢),此七子以气禀不同而至殊,因才气不同而分驰。而同时傅玄亦曰:"圣人之道如天地,诸子之异如四时,四时相反,天地合而通焉。"因有"偏至",故"文人相轻",此非和平中正之道也。惟圣人中正和平,发为文章可通天地之性,则尽善尽美也。

其二,《典论·论文》又曰:"盖文章经国之大业,不朽之盛事,年寿有时而尽,荣乐止乎其身,二者必至之常期,未若文章之无穷。"人生有不可违之命运,人生在世匆匆过客,忽然与物生化,年寿有限,荣乐难常,而文章为不朽之盛事,或可成千载之功,如欲于有限时间之中完成千载之功业,此亦与用有限之语言表现无限之自然同样困难。然若能把握生命,通于天地之性,不以有限为有限,而于有限之生命中亦当可成就"不朽之盛事"也。

以上为可注意之两点。然魏文之《典论·论文》似并未解决此根本问题。而以后论文之著作甚多,以陆机之《文赋》与刘勰之《文心雕龙》最能体现魏晋南北朝之思想特点也。

万物万形皆有本源(本体),而本源不可言,文乃此本源之表现,而文且各有所偏。文人如何用语言表现其本源?陆机《文赋》谓当"伫中区以玄览"。盖文非易事,须把握生命、自然、造化而与之接,"笼天地(形外)于形内,挫万物于笔端"。文当能"课虚无以责有,叩寂寞以求音"。盖文并为虚无、寂寞(宇宙本体)之表现,而人善为文(善用此媒介),则方可成就笼天地之至文。至文不能限于"有"（万有），不可囿于音，即"有"而超出"有"，于"音"而超出"音"，方可得"弦外之音""言外之意"。文之最上乘，乃"虚无之有""寂寞之声"，非能此则无以为至文。陆机《文赋》这种理论似于王弼《老子指略》中亦可求得，如曰：

> 夫物之所以生，功之所以成，必生乎无形，由乎无名。无形无名者，万物之宗也。不温不凉，不宫不商。听之不可得而闻，视之不可得而彰，体之不可得而知，味之不可得而尝。故其为物也则混成，为象也则无形，为音也则希声，为味也则无呈。故能为品物之宗主，苞通天地，靡使不经也。若温也则不能凉矣，宫也则不能商矣。形必有所分，声必有所属。故象而形者非大象也，音而声者非大音也。然则四象不形则大象无以畅，五音不声则大音无以至。四象形而物无所主焉，则大象畅矣。五音声而心无所适焉，则大音至矣。故执大象则天下往，用大音则风俗移也。

盖陆机《文赋》专论文学，而王弼于此则总论天地自然，范围虽不相同，而所据之理论，所用之方法其实相同，均为"尽意莫若象，尽象莫若言"，"得意忘象，得象忘言"也。形而上之本体为"一"，无形希声；形而下之万有为"多"，为宫为商，为温为凉，故陆机有言曰："臣闻弦有常音，故曲终则改。镜无畜影，故触形则照，是以虚己应物，必究千变之容，挟情适事，不观万殊之妙。"《文赋》亦曰："体有万殊，物无一量。"而文人亦然，各个不同，故文亦不同，就文体言可有十体，而每种各有所偏："诗缘情而绮靡，赋体物而浏亮，碑披文以相质，诔缠绵而凄怆，铭博约而温润，箴顿挫而清壮，颂优游以彬蔚，论精微而朗畅，奏平徹以闲雅，说炜晔而谲诳。"陆机虽把文分为十体，而对此十种文体之说明，大不同于汉人，概皆以"缘情""托兴"为言也。

刘勰之《文心雕龙》首篇为《原道》，论文之为文者更详，曰：

> 文之为德，大矣，与天地并生者，何哉？夫玄黄色杂，方圆体分，日月叠璧，以垂丽天之象；山川焕绮，以铺理地之形，此盖道之文也。仰观吐曜，俯察含章，高卑定位，故两仪既生矣。惟人参之，性灵所钟，是谓三才。为五行之秀，实天地之心。心生而言立，言立而文明，自然之道也。旁及万品，动植皆文，龙凤以藻绘成瑞，虎豹以炳蔚凝姿，云霞雕色，有逾画工之妙；草木贲华，无待锦匠之奇，夫岂外饰，盖自然耳。至于林籁结响，调如竽瑟；泉石激韵，和若球锽，故形立则章成矣，声发则文生矣。夫以无识之物，郁然有彩；有心之器，其无文欤？人文之元，肇自太极，幽赞神明，易象为先。庖牺画其始，仲尼翼其终。而乾坤两位，独制文言，言之文也，天地之心哉！

文章虽非天地自然之本身，然文"与天地并生"，"人文之原，肇之太极"，且甚重要，"言之文也，天地之心"。然此非为"文以载道"之义，乃谓"道"因文显也。盖于文有两种不同之观点：一言"文以载道"，一言文以寄兴，而此两种观点均认为"文"为生活所必需。前者为实用的，两汉多持此论，即曹丕《典论·论文》亦未脱离此种观点之影响，故他以文章为"经国之大业"，而后韩愈更唱此论也。此种"文以载道"实以人与天地自然为对立，而外于天地自然，征服天地自然也。后者为美学的，此盖以"文"为感受生命和宇宙之价值，鉴赏和享受自然，"人禀七情，应物斯感，感物吟志，莫非自然"（《明诗》），"文章之成亦因自然"（黄侃语），故文章当表现人与自然合为一体。《文赋》谓"诗缘情而绮靡"，又谓"或托言于短韵，对穷迹而孤兴"，故文章必须有深刻之感情。而"寄兴"本为喻情，故是情趣的，它是从文艺活动本身引出之自满自足，而非为达到某种目的之手段，故曰"心生而言立，言立而文明，自然之道也"。

文章既然与"天地并生"，而惟圣人能成天地之圣文，故《文心雕龙》谓"必征于圣"，"必宗于经"。盖圣人中庸之极，无所不能；经亦平淡中正，无所不容。圣道中庸，故"文能宗经"，而体有六义：一情深而不诡，二风清而不杂，三事信而不诞，四义直而不回，五体约而不芜，六文丽而不淫，此所谓不太过而得其中也。"经"平淡中正，无所不容，故各种文体，均源出六经。

魏晋时人以万物之本源为变化的，故常曰大化，以变化不可违也，"天道兴废，自然消息"，自《咏怀诗》后，文章常充满这种情绪，而"文"为"道"之表现，故有"文"亦因时而变之论。挚虞《文章流别论》谓"质文时异"，盖所谓为各种文体之历史演变也。而刘彦和《文心雕龙》更有《通变》《时序》之篇章。《时序篇》曰："时运交移，质文代变，古今情理，如可言乎！歌谣文理，与世推移，风动于上，而波震于下。……文变染乎世情，兴废系乎时序。"《通变篇》赞曰："文律运周，日新其业，变则其久，通则不乏。"此均论"文章"因时而变之故。

既然人生为自然（天道）之分化，而又遭不可违抗之命运，则人何以自遣？照魏晋南北朝时人的看法，就发为文章说，文章本为遣怀，为发抒怀抱而有，故《文赋》曰：

> 遵四时以叹逝，瞻万物而思纷。悲落叶于劲秋，喜柔条于芳春。以懔懔以怀霜，志眇眇而临云。咏世德之骏烈，诵先人之清芬。游文章之林府，嘉丽藻之彬彬。慨投篇而援笔，聊宣之乎斯文。

陆机《愍思赋》序说：

> 予屡抱孔怀之痛，而奄复丧同生姊，衔恤哀伤，一载之间，而丧制便过，故作此赋，以纾惨恻之感。

然而文章为何可以发抒怀抱，盖因其本为一种精神作用，而通乎自然也，"在心为志，发言为诗"，"人禀七情，应物斯感，感物吟志，莫非自然"。《文赋》曰："函绵邈于尺素，吐滂沛于寸心。"虽在"寸心"，但可"观古今于须臾，抚四海于一瞬"。《文心雕龙》有《神思篇》谓曰："文之思也，其神远矣。故寂然凝虑，思接千载，悄焉动容，视通万里。吟咏之间，吐纳珠玉之声；眉睫之前，卷舒风云之色，其思理之致乎！考思理为妙，神与物游。神居胸臆，而志气统其关键，物沿耳目，而辞令管其枢机。"而此神（思）本即生命之源、宇宙之本，不可言说而为情变之源，故曰："神用象通，情变所孕。"

因神远而象近，神一而象多，神无（无形无象）而象有（有形有象），如何依文象以通神思之极，其方法在使文成为一种传达天地自然之充足的媒介。虽言浅而意深，言有限而意无穷，然神思可与天地自然接也，"文之思也，其神远矣"。故所寻觅之充足的媒介必当能通过文言以达天道，而非执着文言以为天道。而刘勰有《隐秀》之作焉，文略曰：

> 夫心术之动远矣，文情之变深矣，源奥而派生，根盛而颖峻，是以文之英蕤，有秀有隐。隐也者，文外之重旨者也；秀也者，篇中之独拔者也。隐以复意为工，秀以卓绝为巧，斯乃旧章之懿绩，才情之嘉会也。夫隐之为体，义主文外，秘响傍通，伏采潜发。

而宋张戒《岁寒堂诗话》引《隐秀篇》两句"情在词外曰隐，状溢目前曰秀"，此当为《隐秀》之主旨。"秀"谓"得意"于言中，而"隐"则"得意"于言外也。自陆机之"课虚无以责有，叩寂寞以求者"，至刘勰之"文外曲致""情在词外"，此实为魏晋南北朝文学理论所讨论之核心问题也，而刘彦和《隐秀》为此问题作一总结。又此种理论每亦表现于用典上，盖谓用典之原则有二：一用典贵在恰当，于古、今，人、物当相合；二更为重要的是须意在言外，不可拘滞，魏文帝谓屈原"据托譬喻，其意周旋"，即此意也。

总之，魏晋南北朝文学理论之重要问题实以"得意忘言"为基础。言象为意之代表，而非意之本身，故不能以言象为意；然言象虽非意之本身，而尽意莫若言象，故言象不可废；而"得意"（宇宙之本体，造化之自然）须忘言忘象，以求"弦外之音""言外之意"，故忘象而得意也。

第十一章

结 论

　　王弼说贵无，有以无为本。郭象说崇有，有为实在，无在有之内。僧肇以二说皆偏，折末归本，寓体于用，皆非妙谛。实相非有非无，本末不二，或体用一如，要说体用一如，最好用遮诠之法。僧肇从破名相入手，达到非有非无之说。

　　道生顿悟之学，则与王弼甚接近。惟道生重心性，反本即心性之自然发露，即明心见性。"全"不可分，必须顿得。顿悟即顿得自悟也。①魏晋玄学后期，生死问题甚为重要。为解决此问题，在玄学上有道安、张湛齐一生死之说，而同时佛教有净土说，道教有长生不死之法。②同时有宇宙构成问题，汉学所说，道教承之。③宇宙本体问题，为玄学所研究。讨论本体者，或重本体论系统的构成，或重心性。④如何用功夫，或为出世的，如坐禅；或为世间的，realistic。前两个问题与思想之关系较少，后两个问题不可分，为玄学家所注重。隋唐以降，玄学思想与帝王贵族及文人分家。当时之上层阶级多信净土长生之教，于是思想完全与出世之僧人结合。唐代佛学，重系统与分析者，多不免经师气息。唯重心性者对于思想才有真正的贡献，此方面，道生实开其端，而禅宗发扬之。又，既说顿悟，则对于坐禅礼拜之法忽略。禅宗说直指心性，不讲印度之教仪规律，日用平常之事皆可明心见性。说心性之学不出于日用平常，为宋人之学。